子平粹言

제4권

子平粹言

제4권

東海 서락오 지음
김학목 | 이진훈 | 김규승 | 오청식 옮김

도서출판 **어은**

::저자 소개::

東海 서락오 徐樂吾

민국民國 초년의 대표적인 명리학자로 음력 1886년 4월 6일에 출생하여 1948년에 63세로 사망하였다. 그의 저술로는 『자평진전평주子平眞詮評註』, 『적천수징의滴天髓徵義』, 『적천수보주滴天髓補註』, 궁통보감평주『窮通寶鑑評註』, 『조화원약평주造化元鑰評註』 등으로 명리학의 고전을 정리한 것이 있고, 또 고금의 유명한 인물들의 사주를 풀이한 『고금명인명감古今名人命鑑』과 명리학의 연원을 설명한 『명리심원命理尋原』과 처음 명리를 배우는 자들을 위한 『명리입문命理入門』 등이 있다. 그의 대표적 저서는 이 모든 것이 종합·정리된 『자평수언子平粹言』이다.

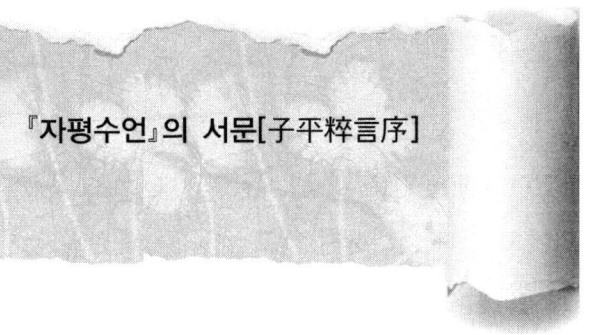

『자평수언』의 서문 [子平粹言序]

余久不執筆屬文, 老友徐子樂吾持所著子平粹言來屬序於余. 蓋以數年來, 同棲海濱, 朝夕相聚, 每見輒互以命理相切嗟, 反覆辯難, 恆至宵分晷移而不覺. 富貴窮通, 有天末浮雲之感, 雖不能樂天知命, 而中懷蕭曠, 超然于塵溘之表.

나는 오랫동안 글을 쓰지 않았는데 내 친구 서락오가 자신이 지은 『자평수언』을 가지고 와서 나에게 「서문」을 부탁했다. 몇 년 동안 바닷가에서 함께 살면서 아침저녁으로 서로 만났고 그때마다 명리명리로 서로 절차탁마하고 반복해서 논박하고 질문하다가 항상 밤이 깊어지는 것을 알지 못했다. 부유함과 귀함, 곤궁과 출세가 먼 하늘 끝에 바람 따라 흘러가는 구름과 같은 느낌이니, 비록 천명을 기꺼이 알 수는 없을지라도 마음을 비우고 속세에 구애되지 않았다.

吾二人固別有會心, 實不足爲外人道也. 余性尤疎嬾, 不受覊勒, 讀書不求甚解, 略知大意而已. 樂吾則沈潛好深思, 終日手不停批抵輒忘寢饋, 十年以來, 所撰述之命理書籍甚夥. 均已先後刊印行世, 網羅放失, 補缺拾遺, 有功於斯道, 誠非淺鮮.

우리 두 사람은 유달리 깨친 것이 있었지만 실로 바깥사람들에게 말할 정도는 되지 못하였다. 내 성격은 더욱 거칠고 게으르며 구속을 당하지 않아 책을 읽어도 깊이 이해하지 않고 대충 큰 뜻만 아는 정도이다. 그런데 서락오는 푹 빠져 깊이 생각하는 것을 좋아하여 종일토록 손에 책을 놓지 않고 침식을 잊을 정도여서 10년 이래로 찬술한 명리서적이 매우 많다. 모두 앞뒤로 간행하여 세상에 내놓으면서 망실된 것을 망라하고, 빠뜨린 것을 보충하였으니, 명리학에 공이 있는 것이 실로 적지 않다.

今又以斯編行世, 薈萃各家精義, 作一有系統之編述. 由淺入深, 秩序井然, 綱擧目張. 有條不紊. 俾後之學者, 以津梁寶符, 不致有歧路亡羊之惑, 其功可謂偉矣. 余每嘆世之談命理者, 非失之膚淺, 卽失之穿鑿.

지금 또 이 책을 세상에 내놓으면서도 여러 학자들의 정밀한 뜻을 모아 체계적으로 저술하였다. 얕은 곳에서 깊은 곳으로 들어감에 질서정연하고, 강목綱目이 드러나고 펼쳐짐에 조리가 있고 문란하지 않다. 그리하여 후세의 학자들이 안내와 증거를 가지고 갈림길에서 양을 잃어버리는 잘못을 저지르지 않게 했으니 그 공이 크다고 평가해야 한다. 내가 매번 세상에서 명리를 말하는 자들에게 탄식했던 것은 겉만 얕게 훑는 데에 잘못이 있기 때문이 아니라 천착하는 데에 잘못이 있기 때문이다.

樂吾披荊斬棘, 獨往獨來, 康莊日闢, 彼岸可登, 其苦心孤詣, 非庸流所可企. 嗟乎, 士生斯世, 破國亡家, 決頸短脰, 其遭遇之慘痛, 爲有史以來所罕遘. 然冥冥之中, 若有數存焉, 欲窮其數, 則命學之于今日, 誠一堪硏究之學術, 則斯編之出, 實可應時代之要求者矣. 用贅數言, 以當喤引云爾.

그런데 서락오는 가시밭길을 헤치고 나가 혼자서 왕래하며 사통팔달의 큰 길을 날마다 열어 저 암벽에 올라 갈 수 있었으니, 그가 고심하며 혼자 이른 경지는 범인들이 바라볼 수 있는 것이 아니다. 아! 선비가 세상에 태어났는데 국가가 망하여 목이 잘리니, 그들이 겪는 비통함은 유사 이래로 드물다. 그러나 아득히 망망한 가운데 수(數)가 있는 것 같아 그 수를 궁리하려고 하면, 명리학은 오늘날 진실로 한 번 연구할 만한 학술이니, 이 책이 나옴으로 실로 시대적 요구에 부응할 수 있을 것이다. 쓸데없이 몇 마디를 시끄럽게 가져와서 말했을 뿐이다.

民國念七年淸明日, 桐城方重審, 序於海上之小忘憂館.
민국 7년 청명일에 동성桐城 방중심方重審이 짧게나마 근심을 잊고 있는 바닷가 객사에서 서문을 쓰다.

자서[自序]

我國星相卜筮之術, 皆始於易. 易之體爲儒術, 而其用則在奇門, 散爲星相卜筮, 皆奇門之一枝一節. 星命者, 摘取奇門中星象之關於人事者, 演繹而成, 故非精於推步者, 不能言命.

중국의 성명상술星命相術과 복서卜筮의 술수는 모두 『역』으로부터 시작되었다. 역의 본체는 유가의 학술인데 그 쓰임이 기문奇門에서 성명상술과 복서로 흩어졌으니, 모두 기문의 한 줄기와 한 절이다. 성명星命이란 기문 가운데에서 별자리가 인간의 일과 관련된 것을 가려 뽑아 연역하여 이루어진 것이기 때문에 추보推步1)에 정통하지 않으면 명명命命을 말할 수가 없다.

迨唐李虛中, 以年月日時五行盛衰生死論祿命, 始與推步分而爲二. 然納音神煞未離星法, 格局名詞, 猶仍舊貫. (詳下古法論命) 自五代徐子平, 乃盡革之, 專從氣化立論, 以日爲主, 屛棄神煞納音, 而以五行生尅爲論理根據, 乃命理之一大轉變. 及後徐道洪輩繼起, 代有發明, 薔

---

1) 추보推步: 별자리와 책력을 추산하는 것이다. 옛 사람들은 해와 달이 하늘에서 회전하는 것이 사람의 행보와 같으니, 추산하여 알 수 있다고 생각했다.

然成一家言.

　당나라의 이허중(李虛中)에 와서야 연年·월月·일日·시時와 오행五行의 성盛·쇠衰와 생生·사死로 '사람의 타고난 운명[祿命]'을 논하니, 비로소 추보推步와 나뉘어져 둘이 되었다. 그러나 납음納音과 신살神煞은 성명법星命法에서 분리되지 않았고, 격국格局의 이름은 여전히 그대로였다. (아래 옛날의 명을 논하는 법에서 자세히 설명함.) 오대五代[2]의 서자평徐子平이 모두 바꾸어 오로지 기의 변화로 입론하여 날日을 위주로 하면서부터 신살과 납음을 모두 버리고 오행의 상생상극을 논리의 근거로 하니, 그제야 명리학을 한 번 크게 변혁시켰다. 후에 서도홍徐道洪 등이 일어나 대를 이어 밝힘으로써 성대하게 한 학파의 학설을 이루었다.

　後之人宗法子平, 而又不明神煞之用. 拾星家之糟粕, 以眩流俗. 於是, 信之者, 目爲神祕, 不信者, 嗤爲迷信. 究之子平學理, 曷嘗有絲毫神祕迷信之意味, 存乎其間哉. 專門學術, 非流浴所能解. 而從來談命之書, 星平雜糅, 初學之士, 難分涇渭, 歧路多端, 是誠不能免也, 嘻奇門遠矣.

　후대 사람들은 자평子平을 종법으로 삼아 또 신살神煞의 쓰임에 밝지 못하였으니, 성명가들의 조잡한 것들을 모아 속세를 현혹시켰

---

2) 오대:五代. 중국中國의 동진東晉이 망한 뒤부터 당唐나라 이전以前까지의 198년 동안에 번갈아 가며 흥망興亡한 다섯 왕조王朝.

다. 이에 믿는 자들은 신비하게 보았고, 믿지 않는 자들은 미신이라고 비웃었다. 자평의 명리를 탐구하는 데에 어찌 조금이라도 신비하고 미신적인 의미가 그 사이에 끼어들겠는가? 전문 학술은 세속이 이해할 수 있는 것이 아니고, 종래의 명을 논하는 책에는 성명과 자평이 뒤섞여 있음으로 처음 배우는 자들은 청탁을 구별하기 어려워 여러 가지로 헷갈리는 것을 실로 면할 수가 없으니, 아! 기문奇門까지는 갈 길이 멀다.

今之談星命者, 旣不解淮步之術, 遵照成法, 依樣一膚. 而不知歲差所積, 日積月累, 已有毫厘千里之差. 況民國以來, 台曆絶版, (七政四餘時憲書) 推衍失其根據, 遑論星命餘緒之古法矣. 惟有子平之術, 專談氣化, 五運六氣, 人所共喩, 察人生之秉賦, 推一世之窮通. 貧富貴賤壽夭以及環境變幻, 咸見之於八箇字中. 雖不及奇門之精奧微妙, 而社會上千差萬別之人類, 胥不能出其範圍, 斯亦奇矣.

지금 성명星命을 논하는 자는 모두 추보推步의 술수를 이해하지 못하여 기존의 방법을 따라 모방하는 것이 천박하고, 세차歲差가 쌓여 해와 날에 누적되는 것을 알지 못해 벌써 털끝만한 차이가 천리처럼 변해 버렸다. 게다가 민국 이후로 태력台曆(칠정사여시헌서七政四餘時憲書)이 절판되어 미루어 부연하는 데에 근거가 없으니, 성명星命과 관계된 옛 방법들을 무슨 말인지 알아들을 수 없게 설명한다. 자평의 술수만이 오로지 기의 변화를 논함에 오운육기五運六氣를 사람들이 함께 깨달아 인생의 선천적 자질[秉賦]을 살피고 한 세대의 곤궁과 출세를 추론하니, 빈부·귀천·요수와 환경변화를 모두 팔자 八字 가운데에서 알게 되었다. 기문의 정밀함과 미묘함에는 미치지 못하지만 사회에서 천차만별한 인간들이 모두 그 범위에서 벗어날 수 없으니, 이것이 또한 기이하다.

僕讀書無成, 壯不能用, 老而無聞, 病沒世而名不稱也. 爰不揣簡陋, 徧集命理術數之書, 擷取子平學說, 重爲編次. 三易寒暑, 屢更稿本, 方始成書. 名之曰子平粹言. 語雖異乎流俗, 義皆本於舊籍. 復以古法一編附於後, 以見淵源, 雖未敢儕於科學, 庶冀後之學者易於入門, 不爲歧路所惑. 或能精益求精, 發揚光大, 進而入於科學之林, 亦我國學術之光也. 是爲序.

내가 책을 읽고 성취한 것이 없어 장년에는 과거에 등용되지 못하였고, 노년에는 명성이 없어 죽어서도 이름이 알려지지 않는 것에 가슴이 아팠다. 이에 미천함을 헤아리지 않고서 명리와 술수에 대한 책들을 두루 모아놓고는 주로 자평의 학설을 택해 거듭 순서대로 정리했다. 추위와 더위가 세 번 바뀌는 가운데 다시 원고를 고쳐 비로소 책을 만들고는 『자평수언』이라고 이름을 붙였다. 세상에서 쓰는 표현과 다를지라도 그 의미들은 모두 옛 서적에 뿌리를 둔 것이다. 다시 옛 방법 한 편을 뒤에 덧붙인 것은 그 연원을 드러낸 것이니, 비록 감히 과학의 배열에 끼지 못할지라도 후대에 배우는 자들이 쉽게

입문하고, 이상한 길로 빠지지 않기를 바란다. 혹 더 깊이 연마하고 광대하게 드러내 과학의 영역으로 나아가 들어간다면, 또한 우리나라 학술의 찬란함일 것이다. 이것으로 서문을 대신한다.

民國念七年歲次戊寅仲春, 東海徐樂吾序於海上寓次.

민국 7년 세차歲次 무인년戊寅年 중춘仲春에 동해東海 서락오徐樂吾가 바닷가 집에서 서문을 쓰다.

추천하는 말

여흥의 씨앗

신명神明을 통한 위로가 시작되었다.

예술적 놀이를 통한 흥[樂]!
철학적 가설을 통한 황홀恍惚!
역학적 사유를 통한 사실事實!

그들은 특이성을 가지고 있다.

사람을 존중하기에 예술을 통하여 놀이하고, 놀이는 배려가 되어 사람들을 위로한다. 사람이 아프기에 철학적 가설을 통하여 황홀한 삶을 제시한다. 사실은 사람에 의하여 전하여 왔고 전하여야 하니 역학적 사유를 통하여 자연이 부여한 삶을 인정하게 한다.

그들이 서로의 흥을 내어 놓는다.

한 자리에 모여 힘겨운 삶에 흥과 황홀 그리고 사실을 일러주고자 합일하였다. 자신을 위한 삶은 잠시 쉬어가자 하면서 사람을 위로할 신명을 내었다. 김학목 박사와 오청식 박사는 가설을 만들고 그들의 신명은 황홀을 내어놓는다. 김규승 선생은 예술놀이를 하면서 그의 신명은 흥을 내어놓는다. 이진훈 선생은 하늘과 경經을 번갈아 공경하면서 그의 신명은 사실을 내어놓는다.

그들은 이제부터 싹이다.

벼가 창고를 나와 볍씨가 되고 못자리에 도착하여 논에 갈 때까지 90일이 걸린다. 벼는 논에서 먼저 하늘을 우러러 본 후에 고개를 숙여 땅을 바라보고, 창고에 도착할 때까지 90일이 걸린다. 이제 그들은 논의 싹이다. 자신들을 만들고 사람을 위로하고자 나타난 논의 싹이 된 것이다. 머지않아 독자들의 창고를 가득 채울 것이고 밥상 위의 밥이 될 것이니 그들의 황홀과 흥과 사실을 맛있게 드시면 될 것이다.

Homo Ludens가 시작되었다.

2015 을미년 4월 계룡산 향선각에서
창광 김성태 두 손 모음

역자를 대표하는 말

『자평수언』1권은 2015년 9월 20일에, 2권은 2016년 5월 20일에 출간된 다음에 2000년 4월 중순 이제 3권과 4권의 원고 편집이 마무리되고 있다. 1권은 명리기초에 대한 서락오 나름의 정리이다. 2권은 용신 격국에 대한 서락오의 핵심인데, 이제 이것이 3권에서도 계속 이어지고 있으니, 여기에 관심 있는 독자들에게 도움이 될 것으로 본다. 4권은 고법 명리에서 중요한 것들을 서락오가 핵심을 추려 정리한 것이니, 명리의 근원을 연구하는 독자들에게 많은 도움이 될 것으로 본다.

1권과 2권의 출간 후에 4년이라는 세월이 흐른 뒤에 3권과 4권을 내놓게 되어 독자들에게 무척 죄송하다. 여러 가지문제가 겹쳐 나름대로 복잡한 사정 때문에 그렇게 될 수밖에 없었으니, 독자들께서 관대하게 이해해 주시기를 빌 뿐이다.

역자 대표 김학목 본인은 그동안 10년 이상 강의와 임상을 통해 명리학에 대한 것들을 정리하여 (주)민음인의 브랜드 판미동에서 『명리명강』과 『엄마의 명리공부』를 출간하였다. 명리에 관심 있는 분들이라면 누구나 읽을 수 있게 기초에서 고급까지 간략하면서도 자세히 설명하였고, 인사동 건국빌딩 1호동 402호실에서 강의를 하고 있으니, 『자평수언』의 독자들께서도 관심을 가져 주시고 명리에 관심 있는 주변의 분들께 권해 주시길 부탁드린다.

2020 경자년 4월 12일
계양산 서북 기슭 검암동에서
역자 대표 해송 김학목이 3권과 4권의 서문을 씀

역자의 말

명리학에서 『연해자평淵海子平』을 제외하고 3대 보고라 일컫는 『자평진전子平眞詮』, 『적천수適天髓』, 『난강망欄江網』에 대해 평주評註를 쓴 서락오徐樂吾는 우리나라 명리학사命理學史에서 언제나 뜨거운 논쟁의 중심에 서 있다. 명리학을 공부하신 분들은 자신들이 원하던 원하지 않던 간에 서락오에게 직간접적으로 많은 영향을 받고 있다. 그 이유는 용신用神개념 · 음생양사陰生陽死-음양동생동사陰陽同生同死, 야자시夜子時, 조자시무子時 등에 대해 수많은 사람들이 현재까지 끊임없이 논쟁하고, 또한 『자평진전평주』에서 알 수 있듯이 원전의 의도를 무시하고 서락오 자신의 의도대로 설명했다고 하는 의견이 명리학을 공부하는 많은 사람들에게 지금까지 끊임없이 지적되고 있기 때문이다.

그동안 『자평수언』은 대학이나 재야에서 강의 교재로 부분적으로 번역하여 발표한 적은 있으나 아직까지 전체의 번역이 시도된 적은 없었으니, 명리를 하는 분들께는 이번의 번역 · 출간이 단비와 같은 일이 아닐 수 없다. 서락오가 고전의 의도를 그대로 드러낸 것은 아닐지라도 말년에 나름대로 명리학 3대 고전의 핵심을 『자평수언子平粹言』에 집대성했다는 점에서 이번의 번역·출간은 서락오의 명리체계를 파악하는 데 지극히 중요한 역할을 할 수 있다. 그러니 이 책의 출간 후에 나머지도 빠른 시간 내에 이어서 계속 출간해 나가겠다. 이것은 명리학을 공부하는 한 사람으로서 학문을 하는 자세이고 또한 선각과 선배에 대한 예의라고 본다.

그간의 명리서들은 대부분 번역본 분량이 많음에도 장서용으로 제본되어 실질적으로 가지고 다니면서 공부하는 데는 불편함이 많기 때문에 전철이나 버스에서도 쉽게 볼 수 있도록 책을 나누어 편집하기로 하였다. 책은 책장에 꽂혀있는 장식용이 아니고, 읽혀지면 과감히 던져 버릴 수 있어야한다. 저자나 역자, 그리고 출판사의 입장이 아닌 독자의 입장에서 쉽게 소지할 수 있도록 책을 나누었다. 고전이라는 형식의 권위와 무게를 과감히 벗어던지고 오로지 독자의 편리성과 현실성에 초점을 맞추도록 노력했는데, 독자들의 입장에서는 어떨지 모르겠으니, 책의 형식이나 번역 등에 대해 아낌없는 조언을 부탁드린다.

명리의 인구가 100만을 향하는 시대다. 명리에 대한 관심이 계속 늘어나면서 이에 대한 공부도 질적으로나 양적으로나 깊어지고 확산되고 있다. 40대 장년층은 물론 젊은 대학생에서부터 퇴직을 하신 60-70대의 노년층에 이르기까지 명리학에 대한 관심이 고루 분포하고 있다. 60년대에 한의학이 제도권내로 들어와서 발전해 온 것처럼, 21세기를 맞이하여 명리학도 제도권내로 들어오려는 움직임이 있다. 그러니 이에 발맞춰 명리 고전에 대한 깊이 있는 번역뿐만 아니라 명리학에 대한 체계적인 저술이 절대적으로 간절히 필요한 시기다.

현재 우리나라의 명리학 수준도 크게 발전해 왔다. 독자의 입장에 맞추어 그동안 목말라왔던 『자평수언』의 번역·출간을 계기로 학계에 계신 분들이나 재야의 숨은 고수 분들의 견해나 의견을 존중·수렴하여 『자평수언』에 대한 연구와 비판을 준비할 계획이다. 곧 책의 의미를 한 방향의 일반적 전달이 아닌 명리 연구자들은 물론 그 독자들까지의 의견을 반영함으로써 살아있는 책을 만들려고 준비하는 중이니, 독자 여러분들께서 온 오프라인을 통해 적극적으로 소통을 해 주시길 부탁드린다.

2015 을미년 4월 3일
분당 운중동에서 어은 김규승이 서문을 보탬

:: 목차 ::

- 『자평수언』의 서문 5
- 자서 8
- 추천하는 말 13
- 역자를 대표하는 말 15
- 역자의 말 17

제6편 명을 논하는 옛날의 법[第六編 古法論命]

1. 서문[引言] 27

2. 신살을 일으킨 사례[神煞起例] 38
   1) 28수와 화요[二十八宿化曜] 40
   2) 칠정사요와 화요[七政四餘化曜] 40
   3) 10간을 화요로 바꾸는 구결[十干變曜口訣] 41
   4) 천간의 여러 별을 일으킨 사례[天干諸星起例] 41
   5) 지지의 여러 별을 일으킨 사례[地支諸星起例] 44
   6) 월건 길흉의 신살을 일으킨 사례[月建吉凶神煞起例] 50
      (1) 삼태성[三台星] 50
      (2) 공망[空亡] 50
      (3) 고허[孤虛] 52

            (4) 진교태복[進交退伏] 52
            (5) 음차양착살[陰差陽錯煞] 53
            (6) 괘기[卦氣] 53
            (7) 납음[納音] 53
        7) 오행의 장생으로 일으킨 사례[五行長生起例] 54

    3. 논명 방식[論命方式] 56
        1) 인신사해 조[寅申巳亥組] 56
            (1) 살 속에서 살을 둘러싸고 있음[煞中包煞] 57
            (2) 망신에서 귀함을 취함[亡神聚貴] 58
            (3) 흩어져 있는 꽃다운 영혼[分散英靈] 59
            (4) 거둬 모인 정신[聚斂精神] 60
            (5) 장생이 귀함을 두름[長生帶貴] 61
            (6) 망신과 겁살이 귀함을 두름[亡劫帶貴] 62
            (7) 고겁동진[孤劫同辰] 69
            (8) 극이 나감과 극이 들어옴[剋出剋入] 71
            (9) 명주는 앞이고 살은 뒤임[主前煞後] 72
            (10) 파택살[破宅煞] 73
            (11) 녹마의 충과 합[祿馬冲合] 77
            (12) 파쇄살[破碎煞] 83
            (13) 쌍진살[雙辰煞] 85
        2) 자오묘유 조[子午卯酉組] 87
            (1) 함지살[咸池煞] 87
            (2) 천을귀인[天乙貴人] 89
            (3) 진신[進神] 92
            (4) 음착양차살[陰錯陽差煞] 94
            (5) 양인[陽刃] 97
            (6) 모임과 분산[攢聚分散] 99

3) 진술축미의 조[辰戌丑未組] **103**
  4) 전투·항복·형·충·파·합[戰鬪伏降刑冲破合] **111**
     (1) 전투로 복이 되는 격[戰鬪爲福格] **112**
     (2) 전투로 재앙이 되는 격[戰鬪爲禍格] **113**
     (3) 항복으로 복이 되는 격[伏降爲福格] **114**
     (4) 항복으로 재앙이 되는 격[伏降爲禍格] **115**
     (5) 충과 파로 복이 되는 격[冲破爲福格] **116**
     (6) 충과 파로 재앙이 되는 격[冲破爲禍格] **117**
     (7) 형을 제압해 복이 되는 격[制刑爲福格] **118**
     (8) 형을 당겨 재앙이 되는 격[惹刑爲禍格] **119**
     (9) 육합으로 복이 되는 격[六合爲福格] **120**
     (10) 육합으로 합이 재앙이 되는 격[六合爲禍格] **121**
     (11) 생지와 왕지로 복이 되는 격[生旺爲福格] **122**
     (12) 생지와 왕지로 재앙이 되는 격[生旺爲禍格] **124**
     (13) 사지와 절지로 복이 되는 격[死絶爲福格] **125**
     (14) 사지와 절지로 재앙이 되는 격[死絶爲禍格] **125**

  5) 유년과 월건[流年月建] **127**
     (1) (갑) 12궁의 신살도[(甲) 十二宮神煞圖] **128**
     (2) 가전신살가[駕前神煞歌] **152**
     (3) 가후신살가[駕後神煞歌] **154**
     (4) 길신을 일으킨 사례[吉神起例] **155**
     (5) 흉살을 일으킨 사례[凶煞起例] **155**
     (6) 양인을 일으킨 사례[陽刃起例] **156**
     (7) 마전신살표[馬前神煞表] **157**
     (8) 천을귀인을 일으킨 사례[天乙貴人起例] **158**
     (9) 천월덕을 일으킨 사례[天月德起例] **158**
     (10) 명궁을 추산하는 법[推命宮法] **160**
     (11) 소한을 추산하는 법[推小限法] **162**

　　　　(12) 월건을 추산하는 법[推月建法] **164**
　　　　(13) 월건도[月建圖] **166**
　　　　(14) (을) 길흉 신살의 풀이[(乙)吉凶神煞釋義] **168**

4. **부록[附編]** **173**

　　1) 자평의 법과 신살[子平法與神煞] **173**
　　　　(1) 납음오음[納音五音] **175**
　　　　(2) 12궁에서 신살을 일으킴[從十二宮起神煞] **176**
　　　　(3) 납음에서 신살[從納音起神煞] **177**

　　2) 오행의 임관에서 신살을 일으킴[從五行臨官起神煞] **177**
　　　　(1) 천을귀인[天乙貴人] **177**
　　　　(2) 문창[文昌] **178**
　　　　(3) 삼합의 회국에서 신살을 일으킴[從三合會局起神煞] **179**
　　　　(4) 방위에서 신살을 일으킴[從方位起神煞] **180**
　　　　(5) 네 충에서 신살을 일으킴[從四冲起神煞] **180**
　　　　(6) 월건에서 신살을 일으킴[從月建起神煞] **181**
　　　　(7) 진교퇴복[進交退伏] **181**
　　　　(8) 일에서 신살을 일으킴[從日起神煞] **182**
　　　　(9) 태세에서 신살을 일으킴[從太歲起神煞] **183**

5. **신살의 간법과 아울러 봄[神煞看法與併臨]** **188**

　　1) 육합[六合] **188**
　　2) 오합[五合] **189**
　　3) 삼합과 회국[三合會局] **191**
　　4) 육해[六害] **192**
　　5) 삼형[三刑] **194**
　　6) 충으로 침[冲擊] **196**
　　7) 녹[祿] **199**

8) 천을귀인[天乙貴人]　204
9) 삼기[三奇] 곧 삼태임(卽三台)　209
10) 역마[驛馬]　211
11) 겁살과 망신[劫煞亡神]　219
12) 고신·과숙 및 격각살[孤辰寡宿及隔角煞]　221
13) 양인[陽刃]　223
14) 함지[咸池]　225
15) 재살[災煞]　227
    (1) 육액[六厄]　227
    (2) 화개[華蓋]　228
16) 구교[勾絞]　229
17) 상조살[喪弔煞]　230
18) 공망[空亡]　230
19) 원진[元辰]　232
20) 암금적살[暗金的煞]　233

제6편

명을 논하는 옛날의 법
[第六編 古法論命]

『성평회해』『성평대성』『장과성종』『삼명통회』『칠정사여』명서 참고
[參考書 星平會海, 星平大成, 張果星宗, 三命通會, 七政四餘命書]

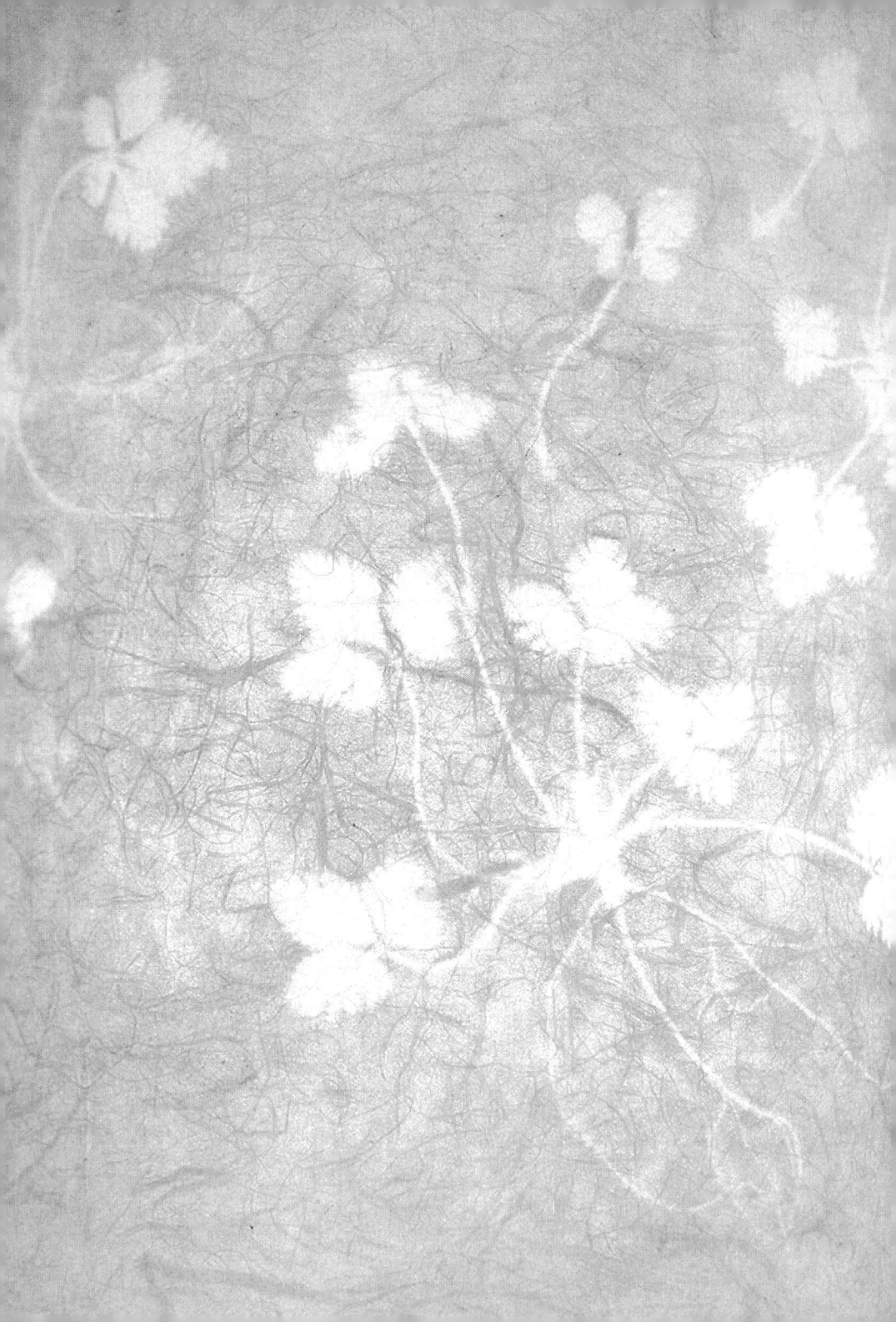

1. 서문[引言]

　　星命之學, 原於五星, 以星論命, 世傳起於張果. [今有張果星宗行世.] 其說不見於典籍, 考列子, 稱天命屬星辰. 値吉則吉, 値凶則凶, 受命既定, 卽鬼神不能改易, 而聖智不能挽回. 王充論衡稱, 天施氣 而衆星布精, 天施氣, 而衆星之精, 在其中矣, 其含氣而長, 得貴則貴, 得賤則賤. 貴或秩有高下, 富或資有多少, 皆星位大小尊卑之所授. 是以星言命, 古已有之, 不必定始於張果也.

　　성명(星命)이라는 학문은 다섯별에 근원하는데, 별을 가지고 운명을 논하는 것으로 세대마다 전해진 것은『장과』에서 기원한다. [지금에는『장과성종(張果星宗)』으로 세상에 전해지고 있음.] 그 설명은 전적에 나타나지는 않지만『열자』에서 상고해보면 하늘이 준 운명을 별에 속하는 것으로 일컬었다. 길한 것을 만나면 길하게 되고 흉한 것을 만나면 흉하게 되는 것은 받은 운명으로 이미 정해져서 곧 귀신도 고칠 수 없었고, 성스럽고 지혜로운 사람들도 만회할 수 없었다. 왕충의『논형』에서 "하늘은 기(氣)를 별들은 정(精)을 베푼다."라고 하였으니, 하늘이 기(氣)를 베풀어 별들의 정(精)이 그 속에 있다는 것으로 그것들이 기(氣)를 머금고 나아가니, 귀한 것을 얻으면 귀하게 되고 천한 것을 얻으면 천하게 되는 것이다. 귀한 것에도 혹 녹봉에 고하가 있고, 부유한 것에도 혹 자질에 다소가 있는 것은 모두 별자리의 대소와 존귀에서 받은 것이다. 이 때문에 별을 가지고 운명을 말하는 것은 옛날부터 이미 있었으니, 굳이 『장과(張果)』에서 시작했다고 할 필요는 없는 것이다.

韓昌黎三星行云, 我生之辰, 月宿南斗, 牛奮其角, 箕張其口. 杜樊川自作墓誌曰, 余生於角星. 昴畢於角爲第八宮, 曰疾厄宮, 亦曰八殺宮. 土星在, 火星繼, 木星工. 楊晞曰, 木在張, 於角爲第十一福德宮, 木爲福德大君子無虞也. 餘曰, 湘守不周歲而遷舍人, 木還福於角足矣. 火土還死於角宜哉. 是五星之術, 古已有之, 盛行於唐, 其法與今不異, 術者託名張果, 不爲無因也.

한유가 「삼성행」에서 "내가 태어날 때에 달이 남두(南斗)에 있었고 우성(牽牛星)이 뿔을 떨치며 기성(箕星)이 입을 벌렸도다."라고 하였다. 두목천의 자작 「묘지(墓誌)」에서 "나는 각성(角星)에서 태어났다. 앙성(昴星)과 필성(畢星)은 각성(角星)에서 여덟 번째 궁으로 질액궁(疾厄宮)이라고 하고 또한 팔살궁(八殺宮)이라고 하는데, 토성(土星)이 있고 화성(火星)이 이어지고 목성(木星)이 교묘하다. 양희(楊晞)가 '목성(木星)이 장성(張星)에 있어 각성(角星)에서 열한 번째 복덕궁(福德宮)으로 목성이 복덕의 큰 군자이니 근심할 것이 없습니다.'라고 했는데, 내가 '상(湘)의 태수로 한 해도 지나지 않고 사인(舍人)으로 옮겼으니, 목성(木星)이 각성(角星)에 복을 가져온 것은 충분합니다. 화성(火星)과 토성(土星)이 각성(角星)에 죽음을 가져와도 마땅한 것입니다.'라고 하였다." 이것은 오성(五星)의 술(術)로 옛날부터 이미 있어 당나라에서 성행했었는데, 그 방법이 지금과 다르지 않다. 술(術)이라는 것은 『장과』에 이름을 의탁한 것이니, 유래가 없지 않은 것이다.

唐李虛中, 就五星之術而變其法, 去星盤而專用年月日時, 以年爲主, 推算祿命. [有李虛中命書三卷, 載墨海津壺叢書.] 虛中墓誌, 稱其最深於五行書, 以人始生之年月日, 所直日辰, 支干相生, 勝衰死生, 互相酌酌, 推人壽夭貴賤, 利不利云云. 日辰者, 時也, 後人誤以所直日晨, 句連屬下文, 遂謂虛中推命, 用年月日, 而不用時者, 誤也. 法雖改易, 而格局名稱, 神煞術語, 皆沿五星之舊, 讀蘭台妙選解星法, 則格局術語, 皆不得其解, 可知其術乃沿襲五星而損益之也. 其後雖代有變遷, 而以年月日時之干支爲根據, 則創自李虛中, 是爲古法推命之始.

당나라의 이허중이 오성의 술을 가지고 그 법을 바꿔 성반(星盤)을 없애고 연·월·일·시만 사용하면서 연을 위주로 녹명(祿命)을 추산했다. [『이허중명서(李虛中命書)』세 권이 있었고, 『묵해진호총서(墨海津壺

叢書)』에 실려 있음] 이허중의 「묘지(墓誌)」에서 "그는 오행의 책에 아주 깊이가 있어 사람이 처음 태어난 연·월·일에서 만난 일진(日辰)의 간지가 상생하는 것을 가지고 성쇄(勝衰)와 사생(死生)을 서로 참작해서 사람의 장수와 단명, 귀함과 천함, 이로움과 이롭지 않음을 추산했다."고 했다. 일진(日辰)은 시(時)인데, 후대의 사람들이 만난 일신(日晨)으로 오해해서 구절을 아래의 글로 연결하고는 마침내 이허중의 추명은 연·월·일을 사용하고 시를 사용하지 않았다고 했으니 잘못된 것이다. 법을 고쳤을지라도 격국의 명칭과 신살의 술어는 모두 옛 오성에 연원을 두었으니, 『난태묘선(蘭台妙選)』과 『해성법(解星法)』을 읽어보면, 격국과 술어가 모두 그 해석을 얻지 못했으나, 그 술이 오성에 연원을 두고 따르면서 빼고 더한 것임을 알 수 있다. 그 후에 시대마다 변천했을지라도 연·월·일·시의 간지를 근거로 한 것은 이허중에게서 시작되었으니, 이것이 옛 법에서 추명의 시원이다.

李虛中命書爲墨海津壺叢書之一, 錄自永樂大典. 今商務印書館『叢書集成』有鉛印本. 其書或疑爲宋人所僞託, 然旣爲宋刊本, 則爲宋以前談命之法無疑也. 虛中之後, 有珞琭子三命消息賦, 宋兵珂 三命指迷賦, 均師法虛中. 蘭台妙選專論格局, 則又以虛中之法合五星, 各逞臆說, 無一成不變之法, 此論沿襲所自也.

『이허중명서』는 『묵해진해총서』의 하나로 목록은 『영락대전』에서 기록한 것이다. 지금에는 상무인서관의 『총서집성』에 연인본(鉛印本)이 있는데, 그 책은 송나라 사람이 가탁한 것으로 여겨지지만, 이미 송나라의 간행본이라면 송나라 이전에 운명을 논하는 법이었음은 의심할 것이 없다. 이허중의 뒤에는 낙록자(珞琭子)의 『삼명소식부(三命消息賦)』가 있고, 송병가(宋兵珂)의 『삼명지미부(三命指迷賦)』가 있는데, 모두 이허중을 스승으로 본받은 것이다. 『난태묘선』에서 격국만 논한 것은 또한 이허중의 법이 오성에 합하는 것을 가지고 각기 억측하고는 변함이 없는 법을 조금도 이루지 못하였는데. 여기에서는 어디에 연원해서 따랐는지에 대해 논하자는 것이다.

虛中之法因襲五星, 故其論五行, 實兼納音化氣而言. 五星取神煞之法, 先以七政四餘化爲天干, 名曰天星化曜. 七政者, 日月金木水火土, 四餘者, 紫孛羅計也. 共十一曜, 除日爲太陽最尊貴外, 其餘以配十干. [所言金木水火土乃五星, 非五行, 蓋星法也.] 以干加干挨次輪轉, 與五行生剋之理. 亦不合. 虛中法以干支相生勝衰生死之理推祿命. 故神煞中已有一部分不適於用, 加以納音化氣, 理論多歧, 迨徐子平出, 又因虛中之法而改進之, 大要有三.

이허중의 법은 오성(五星)을 따랐기 때문에 오행(五行)을 논한 것은 실로 납음화기(納音化氣)를 겸하여 말한 것이다. 오성에서 신살의 법을 취한 것은 먼저 칠정사여(七政四餘)를 천간으로 바꿔 천성화요(天星化曜)로 이름을 붙인 것이다. 칠정(七政)은 일(日)·월(月)·금(金)·목(木)·수(水)·화(火)·토(土)이고, 사여(四餘)[3]는 자기(紫氣)와 월패(月孛)와 나후(羅睺)와 계도(計都)이니, 모두 11요로 해가 태양으로 가장 존귀한 것을 제외하고 그 나머지를 10천간에 배치한 것이다. [이른바 금·목·수·화·토가 바로 오성(五星)이지 오행(五行)이 아니라는 것이 성법(星法)임.] 천간을 천간에 더해 밀치며 돌아가는 것은 오행이 생극하는 이치에 또한 합하지 않는다. 이허중의 법은 간지가 서로 생하면서 승쇄(勝衰)하고 생사(生死)하는 이치를 가지고 녹명을 추산한 것이다. 그러므로 신살 중에 이미 일부분을 적용하지 않는 것이 있었고, 납음화기를 더해 이론에 갈래가 다양해졌는데, 서자평(徐子平)이 나오게 되자 또 이허중의 법에 따라 개진했는데 핵심에는 세 가지가 있다.

一. 神煞. 只取正偏官正偏才正偏印食神傷官比肩劫財十神. [此十神, 出自天星化曜, 見下天星起例.] 其餘一槪摒棄不用.

1. 신살(神煞) : 단지 정관·편관, 정재·편재, 정인·편인, 식신·상관, 비견·겁재 10신을 취했을 뿐이다. [여기의 10신은 『천성화요

---

[3] 일·월·오성과 달리 천구 위에서 특정한 위치의 규칙적 운동을 표현하기 위해 설정한 가상의 천체 곧 자기(紫氣)·월패(月孛)·나후(羅睺)·계도(計都)를 말한다. 천구 위에서 자기와 월패는 순행하고, 나후와 계도는 역행하는 것으로 설정한다.

(天星化曜)』에서 나온 것으로 아래의 『천성기례(天星起例)』에 있음.] 그 나머지는 모두 없애고 사용하지 않았다.

二．五行．專論五行生剋制化以定休咎．納音化氣，槪所不論．化氣之成格者，與從局同論，另立一類，名爲從化．

2. 오행(五行) : 오로지 오행의 생극제화를 논해 휴구를 정하고 납음화기는 대체로 논하지 않았다. 화기(化氣)로 격을 이룬 것은 국에 따라 똑같이 논한 것과 별도로 한 종류를 세워 종화라고 이름 붙였다.

三．以日爲主，而地支取人元用事爲用．虛中法以年爲主，年之干爲祿，年之支爲命，干支之納音爲身，稱爲二命．[見李虛中命書.] 從年引至日時，觀其長生祿旺墓庫，所居何宮，及納音生剋，所謂勝衰生死之理也．財官食印等十神，亦從年干取之．子平法改以日干爲主，而地支，則取人元用事之神，財官食印，與天干同一取法，始於徐子平．

3. 일을 위주로 하고 지지에서는 인원용사를 취해 용신으로 하였다. 이허중의 법은 연을 위주로 연의 천간을 녹(祿)으로 하고 연의 지지를 명(命)으로 하면서 간지의 납음을 몸으로 하여 이명(二命)이라고 하였다. [『이허중명서』에 있음.] 연에 따라 이끌면서 일시까지 그 장생과 녹왕묘고가 어느 궁에 있는지와 납음의

생극 이른바 승쇄(勝衰)·생사(生死)의 이치를 살피는 것이다. 재·관·식·인 등의 10신도 연간에서 취한 것이다. 자평의 법에서는 그것을 고쳐 일간을 위주로 하면서 지지에서는 인원용사의 신을 가지고 재성·관성·식상·인성에 대해 천간과 동일하게 법을 취하는 것은 서자평에게서 시작되었다.

古法專用神煞, 而神煞之最重要者, 爲祿馬貴人, 見於古人撰述之命賦, 不一而足. 徐子平以上述改革之, 故特易其解釋.

옛 법에서는 오로지 신살을 사용하였는데, 신살에서 가장 중요한 것은 녹마와 귀인으로 옛 사람들이 지은 명부를 보면 한둘이 아니고 많다. 그런데 서자평이 이상에서 말한 것으로 바꾸었기 때문에 그 해석이 아주 쉽게 된 것이다.

祿, 臨官帝旺也, 子平法改以官星爲祿. [祿, 槪括生旺十二宮一類.]

녹(祿)은 임관(臨官)과 제왕(帝旺)으로 자평의 법에서 관성을 녹으로 고쳤다. [녹은 생왕 12궁의 한 종류로 개괄하였음.]

馬, 驛馬也, 對冲爲馬. 傍冲爲亡神劫煞, 馬之前後爲攀鞍御策, 子平法改以才爲馬. [馬, 根據三合, 相冲一類. 冲者, 動也, 吉凶神煞, 由此而動.]

마(馬)는 역마로 충과 동일한 것이 마이다. 옆에서 충하는 것이 망신으로 겁살이고, 마의 전후가 반안(攀鞍)과 어책(御策)이다. 자평의 법에서는 재(才)를 마로 바꾸었다. [마는 삼합을 근거로 서로 충하는 하나의 종류임. 충은 움직임으로 길흉의 신살이 여기에서 움직임.]

貴, 天乙玉堂也, 尊貴之神, 故名貴神. 子平法以貴爲官.
귀(貴)는 천을과 옥당으로 존귀한 신이기 때문에 귀한 신으로 이름을 붙인 것이다. 자평의 법에서는 귀를 관으로 여겼다.

三奇, 乙丙丁也. [乙丙丁爲三奇, 戊己庚辛壬癸爲六儀, 統稱奇儀, 見奇門.] 子平法以財官印爲三奇.
삼기(三奇)는 을(乙)·병(丙)·정(丁)이다. [을(乙)·병(丙)·정(丁)은 삼기(三奇)이고 무(戊)·기(己)·경(庚)과 신(辛)·임(壬)·계(癸)는 육의(六儀)인데, 기의(奇儀)로 통칭하니, 기문(奇門)에 있음.] 자평의 법에서는 재(財)·관(官)·인(印)을 삼기(三奇)로 여겼다.

以上均見徐子平注珞琭子三命消息賦, 及其所著明通賦. 然神煞一百七十餘種, 改易解釋者, 僅此三四, 不足以應用明矣. 神煞都從年起, 而子平法以日爲主, 若者可用, 若者不可用. 宋代至今, 未有整理之者, 是爲談命理者之缺憾也.
이상은 모두 서자평이 『낙록자 삼명소식부(三命消息賦)』를 주석한 것과 그가 지은 『명통부(明通賦)』에 있다. 그러나 신살이 170여종인데, 고쳐 해석한 것은 겨우 여기의 서넛이니, 응용에 부족한 것이 분명하다. 신살은 모두 연에서 일으키지만, 자평의 법에서는 일을 위주로 해서 어떤 것은 쓸 수 있고, 어떤 것은 쓸 수 없다. 송나라의 시대부터 지금까지 정리된 것이 없으니, 명리를 논하는 자들에게는 유감이다.

子平之後, 有徐大升著元理賦, 發明反生反剋之理, 至明代而有滴天髓欄江綱, 淸代而有子平眞詮命理約言諸鉅著. 子平學說, 由是益著. 果然成一家言, 是爲命理之沿革.

자평의 뒤에 서대승이 지은 『원리부(元理賦)』가 있어 반생(反生)과 반극(反剋)의 이치를 드러내 밝혔고, 명나라 시대에 와서는 『적천수(滴天髓)』와 『난강망(欄江綱)』이 있었으며, 청나라 시대에 와서는 『자평진전(子平眞詮)』과 『명리약언(命理約言)』이라는 거대한 저술이 있었다. 자평의 학설이 이 때문에 더욱 드러나면서 과연 한 학파의 학설을 이루니, 이것이 명리학의 연혁이다.

子平沿虛中之舊, 而虛中之法, 出於五星, 故至今有許多格局名稱, 與五星同. 如月建稱爲月垣, 同在一支稱爲同宮, 皆沿五星之舊也.

자평은 이허중의 옛 학설에 따랐고, 이허중의 법은 오성(五星)에서 나왔기 때문에 지금까지 허다한 격국의 명칭이 있는 것이 오성(五星)과 같다. 만약 월건(月建)을 월원(月垣)으로 칭한다면 동일하게 한 지지를 동궁으로 칭하는 것이 있으니, 모두 옛 오성을 따른 것이다.

推算祿命, 於格局地位富貴貧賤壽夭, 子平法實較古法爲準確而有把握. 流年月建, 則根本未有論及, 研習命理者, 不能不求之於古法. 然以神煞合子平, 又矛盾重重, 異說蜂起, 今爲窮源, 竟委起見, 述古法論命於右.

봉록과 운명을 추산함에 격국의 지위와 부귀와 빈천과 수요에 있어 자평의 법에서는 실로 옛 법보다 표준이 되는 바름으로 파악되는 것이 있다. 유년의 월건은 근본적으로 논급한 것이 없으니, 명리를 연구하고 익히는 자들은 옛 법에서 구하지 않을 수 없다. 그러나 신살로 자평에 합하는 것은 또 모순이 거듭되고 거듭되어 다른 설들이 봉기하니, 이제 근원을 궁구해서 진상을 규명하도록 옛 법에서 명을 논한 것에 대해 위처럼 기술했던 것이다.

2. 신살을 일으킨 사례[神煞起例]

命理始於五星, 神煞與五星看法, 有相連之關系. 神煞有從宮位起者, 如天元地元人元祿是, 更有以所居宮位定神煞之吉凶者, 見下星殺解. 故欲明神煞用法, 宜知五星法中之十二宮.

명리가 오성에 시작되어 신살과 오성의 보는 방법에는 서로 연결되는 관계가 있다. 신살은 궁의 위치에 따라 일으키는 것이 있으니, 이를테면 천원· 지원· 인원의 녹이 여기에 해당하고, 또 궁의 위치가 있는 곳으로 신살의 길흉을 정하는 것이 있는데, 아래의 성살(星殺)의 풀이에 있다. 그러므로 신살의 용법을 밝히고자 한다면 오성(五星)의 법에서 12궁에 대해 알아야 하니 다음과 같다.

一, 命宮. 二, 財帛. 三, 兄弟. 四, 田宅. 五, 男女. 六, 奴僕.
七, 妻妾. 八, 病厄. 九, 遷移. 十, 官祿. 十一, 福德. 十二, 相貌.
1. 명궁. 2. 재백. 3. 형제. 4. 전택. 5. 남녀. 6. 노복.
7. 처첩. 8. 병액. 9. 천이. 10. 관록. 11. 복덕. 12. 상모.

由命宮起, 逆推, 如命宮在酉, 申爲財帛宮, 未爲兄弟宮, 午爲田宅宮, 巳爲男女宮, 辰爲奴仆宮, 挨次逆推之. 命宮官祿妻妾田宅男女福德財帛謂之七强宮, 相貌奴僕兄弟疾厄遷移謂之五弱宮.

명궁에서 일으켜 거꾸로 추산하니, 이를테면 명궁이 유(酉)에 있다면 신(申)이 재백궁이고, 미(未)가 형제궁이며, 오(午)가 전택궁이고, 사(巳)가 남녀궁이며, 진(辰)이 노복궁이니, 차례대로 나아가며 거꾸로 추산하는 것이다. 명궁·관록·처첩·전택·남녀·복덕·재백을 일곱 강궁(强宮)이라고 하고, 상모·노복·형제·질액·천이를 다섯 약궁(弱宮)이라고 한다.

五星之法, 以宿爲經, 以星爲緯. 宿者, 二十八宿也, 星者, 七政四餘也, 欲明神煞取法, 宜先知星宿化曜.

오성의 법은 수(宿)로 경(經)을 삼고 성(星)으로 위(緯)를 삼는다. 수(宿)는 28수[4]이고, 성(星)은 칠정(七政)과 사여(四餘)이니, 신살에서 취하는 법을 밝히고자 한다면 먼저 성수(星宿)와 화요(化曜)에 대해 알아야 한다.

---

[4] 옛날 중국에서 해, 달, 별 등의 소재를 밝히기 위해 황도(黃道)에 따라 천구(天球)를 스물여덟으로 구분한 것으로, 동쪽 분야의 각(角)·항(亢)·저(氐)·방(房)·심(心)·미(尾)·기(箕), 북쪽 분야의 두(斗)·우(牛)·여(女)·허(虛)·위(危)·실(室)·벽(壁), 서쪽 분야의 규(奎)·누(婁)·위(胃)·묘(昴)·필(畢)·자(觜)·삼(參), 남쪽 분야의 정(井)·귀(鬼)·유(柳)·성(星)·장(張)·익(翼)·진(軫) 등의 별자리를 가리킨다.

1) 28수와 화요[二十八宿化曜]

角斗奎井	丙	亢牛婁鬼	丁	氐女胃柳	戊壬	房虛昂星	日	心危畢張	己	尾室觜翼	甲癸	箕璧參軫	庚乙
각두규정	병	항우루귀	정	씨녀위류	무임	방허묘성	일	심위필장	기	미실자익	갑계	기벽삼진	경을

2) 칠정사요와 화요[七政四餘化曜]

太陽 日 午   太陰 月 (己)未   歲星 木 (丙)寅亥   熒惑 火(甲)卯戌

鎭星 土 (戊)子丑   太白 金 (丁)辰酉   辰星 水 (庚)巳申   以上七政

태양 해 오   태음 달 (기)미   세성 목 (병)인해   형혹 화(갑)묘술

진성 토 (무) 자축   태백 금 (정)진유   진성 수 (경)사신   이상이 칠정임.

紫氣 木之餘 (辛)   月孛 水之餘 (乙)

羅睺 火之餘 (癸)   計都 土之餘 (壬)   以上四餘

자기 목의 여 (辛)   월패 수의 여 (을)

나후 화의 여 (계)   계도 토의 여 (임)   이상이 사여임.

政餘變曜, 又名化氣, 明乎此, 方能閱諸星起例表. 爲便記憶, 更列口訣.
칠정과 사여와 화요는 또 화기로 이름을 붙였고, 여기에서 분명하

게 『여러 별에서 일으킨 사례표(諸星起例表)』를 조사해서 기억하기 편하도록 다시 구결로 나열했다.

3) 10간을 화요로 바꾸는 구결[十干變曜口訣]

甲火乙孛丙屬木, 丁是金星戊土求. 己入太陰, 庚是水, 辛炁壬計癸羅睺, 祿暗福耗蔭, 貴刑印囚權. [天祿, 天暗, 天福, 天耗, 天蔭, 天貴, 天刑, 天印, 天囚, 天權, 十星也.]

갑화을패병속목, 정시금성무토구. 기입태음, 경시수, 신기임계계라후, 녹암복모음, 귀형인수권. [천록, 천암, 천복, 천모, 천음, 천귀, 천형, 천인, 천수, 천권, 십성야.]

火孛木金土, 月水無計羅. [甲乙丙丁戊己庚辛壬癸, 十曜也.]
화패목금토, 월수무계라. [갑을병정무기경신임계, 십요야.]

4) 천간의 여러 별을 일으킨 사례[天干諸星起例]

연간을 기준으로 세로로 취함[以年干縱取]

生年	甲	乙	丙	丁	戊	己	庚	辛	壬	癸	
천록 天祿	火 甲	孛 乙	木 丙	金 丁	土 戊	月 己	水 庚	炁 辛	計 壬	羅 癸	비견과 같음(同比肩.)
천암	孛	木	金	土	月	水	炁	計	羅	火	양간은 겁재이고 음간은 상관임

41

天暗	乙	丙	丁	戊	己	庚	辛	壬	癸	甲	(陽干劫, 陰干傷.)
겁재 劫財	孛乙	火甲	金丁	木丙	月己	土戊	炁辛	水庚	羅癸	計壬	곧 겁재임(卽劫財.)
천복 天福	木丙	金丁	土戊	月己	水庚	炁辛	計壬	羅癸	火甲	孛乙	
식신 食神	木丙	金丁	土戊	月己	水庚	炁辛	計壬	羅癸	火甲	孛乙	곧 식신임(卽食神.)
천모 天耗	金丁	土戊	月己	水庚	炁辛	計壬	羅癸	火甲	孛乙	木丙	양간은 상관이고 음간은 겁재임 (陽干傷, 陰干劫財.)
상관 傷官	金丁	木丙	月己	土戊	炁辛	水庚	羅癸	計壬	孛乙	火甲	곧 상관임(卽傷官.)
천음 天蔭	土戊	月己	水庚	炁辛	計壬	羅癸	火甲	孛乙	木丙	金丁	
편재 偏財	土戊	月己	水庚	炁辛	計壬	羅癸	火甲	孛乙	木丙	金丁	곧 편재임(卽偏才.)
천귀 天貴	月己	水庚	炁辛	計壬	羅癸	火甲	孛乙	木丙	金丁	土戊	양간은 재성이고 음간은 관성 으로 음양간이 합한 신임 (陽干財, 陰干官, 陰陽干之合 神也.)
정재 正財	月己	土戊	炁辛	水庚	羅癸	計壬	孛乙	火甲	金丁	木丙	곧 정재임(卽正財.)
관 官	月己	土戊	炁辛	水庚	羅癸	計壬	孛乙	火甲	金丁	木丙	
	水庚	炁辛	計壬	羅癸	火甲	孛乙	木丙	金丁	土戊	月己	
칠살 七殺	水庚	炁辛	計壬	羅癸	火甲	孛乙	木丙	金丁	土戊	月己	곧 편관임(卽偏官.)
천인 天印	炁辛	計壬	羅癸	火甲	孛乙	木丙	金丁	土戊	月己	水庚	양간은 관성이고 음간은 인성임 (陽干官, 陰干印.)
천관 天官	炁辛	水庚	羅癸	計壬	孛乙	火甲	金丁	木丙	月己	土戊	곧 정관임(卽正官.)
천수 天囚	計壬	羅癸	火甲	孛乙	木丙	金丁	土戊	月己	水庚	炁辛	
효신	計壬	羅癸	火甲	孛乙	木丙	金丁	土戊	月己	水庚	炁辛	곧 편인임(卽偏印).

효신梟神	壬	癸	甲	乙	丙	丁	戊	己	庚	辛	
천권 天權	羅癸	火甲	孛乙	木丙	金丁	土戊	月己	水庚	炁辛	計壬	양간은 인성이고 음간은 겁재임 (陽干印, 陰干刼.)
정인 正印	羅癸	火甲	孛乙	木丙	金丁	土戊	月己	水庚	炁辛	計壬	곧 인수임(卽印綬.)

上列二十星曜, 子平法中財官食印等十神, 卽由此中摘出, 惟年干改爲日干耳.

위에 나열한 스무 개의 성요는 자평의 법에서 재관식인 등의 10신인데, 바로 여기에서 적출해서 오직 연간을 일간으로 고친 것일 뿐이다.

生年	甲	乙	丙	丁	戊	己	庚	辛	壬	癸	
녹원 祿元	木	火	水	日	水	日	水	金	水	土	일이 명궁임 (日, 命宮也.)
인원 仁元	木	木	火	火	土	土	金	金	水	水	
문성 文星	羅	計	金	火	金	炁	木	土	日	月	
괴성 魁星	月	日	羅	計	火	金	水	孛	炁	水	
인성 印星	木	日	火	月	土	羅	金	計	水	孛	
최관 催官	金	水	日	羅	木	炁	孛	土	月	計	
녹신 祿神	木	水	計	羅	土	火	金	炁	日	月	
희신 喜神	羅	計	炁	水	月	土	金	木	孛	火	
과명	木	木	火	火	土	土	金	金	水	水	

科名										
녹훈 錄勳	寅	卯	巳	午	巳	午	申	酉	亥	子	곧 임관이 록임 (卽臨官祿也.)
양인 陽刃	卯	寅	午	巳	午	巳	酉	申	子	亥	곧 제왕이 양인임. 음간은 인신 사해가 양인임. 아래에서 자세히 설명 卽帝旺刃也. 陰干以寅申巳亥爲刃. 詳下.
비인 飛刃	酉	申	子	亥	子	亥	卯	寅	午	巳	양인을 충하는 것임 (陽刃對沖.)
당부 唐符	酉	申	子	亥	子	亥	卯	寅	午	巳	
국인 國印	戌	亥	丑	寅	丑	寅	辰	巳	未	申	
천을 天乙	未	申	酉	亥	丑	子	丑	寅	卯	巳	곧 양의 귀인임 (卽陽貴人.)
옥당 玉堂	丑	子	亥	酉	未	申	未	午	巳	卯	곧 음의 귀인임 (卽陰貴人.)
문창 文昌	巳	午	申	酉	申	酉	亥	子	寅	卯	
천주 天廚	巳	午	子	巳	午	申	寅	午	酉	亥	

5) 지지의 여러 별을 일으킨 사례[地支諸星起例]

生年	子	丑	寅	卯	辰	巳	午	未	申	酉	戌	亥	
작성 爵星	土	水	木	炁	孛	木	水	火	火	金	金	水	천마는 삼합의 국으로 취하니, 신자진에서는 마가 인에 있어 갑이 천마, 사유축에서는 마가 해에 있어 임이 천마. 나머지도 이렇게 헤
천마 天馬	火甲	計壬	水庚	木丙	火甲	計壬	水庚	木丙	火甲	計壬	水庚	木丙	

											아림. (天馬, 以三合局取之. 申子辰, 馬在寅, 以甲爲天馬, 巳酉丑, 馬在亥, 以壬爲天馬. 餘仿此推之.)
지역 地驛	木	水	金	火	木	水	金	火	木	水	金	火	지역은 정오행으로 하는데, 신자진에서는 마가 인에 있어 목에 속하고, 사유축에서는 마가 해에 있어 수에 속함. 나머지도 이렇게 헤아림. (地驛, 爲正五行, 申子辰馬在寅, 寅屬木. 巳酉丑馬在亥, 亥屬水. 餘仿此推之.
혈지 血支	木	土	土	木	火	金	水	日	月	水	金	火
혈기 血忌	日	土	土	月	木	水	火	金	金	火	水	木
산성 産星	金	水	木	火	金	水	木	火	金	水	木	火	
세가 歲駕	子	丑	寅	卯	辰	巳	午	未	申	酉	戌	亥	세가 이하에서 표미까지는 모두 태세에서 이름을 세우니, 가전과 가후의 신살임. 歲駕以下至豹尾, 皆從太歲起名, 駕前駕後神煞.
복음 伏吟	子	丑	寅	卯	辰	巳	午	未	申	酉	戌	亥
검봉 劍鋒	子	丑	寅	卯	辰	巳	午	未	申	酉	戌	亥
복시 伏屍	子	丑	寅	卯	辰	巳	午	未	申	酉	戌	亥
천공 天空	丑	寅	卯	辰	巳	午	未	申	酉	戌	亥	子
태양 太陽	丑	寅	卯	辰	巳	午	未	申	酉	戌	亥	子

상문 喪門	寅	卯	辰	巳	午	未	申	酉	戌	亥	子	丑
지자 地雌	寅	卯	辰	巳	午	未	申	酉	戌	亥	子	丑
지위 地猬	寅	卯	辰	巳	午	未	申	酉	戌	亥	子	丑
관색 貫索	卯	辰	巳	午	未	申	酉	戌	亥	子	丑	寅
구신 鉤神	卯	辰	巳	午	未	申	酉	戌	亥	子	丑	寅
태음 太陰	卯	辰	巳	午	未	申	酉	戌	亥	子	丑	寅
오귀 五鬼	辰	巳	午	未	申	酉	戌	亥	子	丑	寅	卯
삼합 三合	辰	巳	午	未	申	酉	戌	亥	子	丑	寅	卯
관부 官符	辰	巳	午	未	申	酉	戌	亥	子	丑	寅	卯
비부 飛符	辰	巳	午	未	申	酉	戌	亥	子	丑	寅	卯
월덕 月德	巳	午	未	申	酉	戌	亥	子	丑	寅	卯	辰
사부 死符	巳	午	未	申	酉	戌	亥	子	丑	寅	卯	辰
소모 小耗	巳	午	未	申	酉	戌	亥	子	丑	寅	卯	辰
세파 歲破	午	未	申	酉	戌	亥	子	丑	寅	卯	辰	巳
대모 大耗	午	未	申	酉	戌	亥	子	丑	寅	卯	辰	巳
난간 闌干	午	未	申	酉	戌	亥	子	丑	寅	卯	辰	巳

반음 反吟	午	未	申	酉	戌	亥	子	丑	寅	卯	辰	巳
폭패 暴敗	未	申	酉	戌	亥	子	丑	寅	卯	辰	巳	午
천액 天厄	未	申	酉	戌	亥	子	丑	寅	卯	辰	巳	午
백호 白虎	申	酉	戌	亥	子	丑	寅	卯	辰	巳	午	未
천웅 天雄	申	酉	戌	亥	子	丑	寅	卯	辰	巳	午	未
대덕 天德	酉	戌	亥	子	丑	寅	卯	辰	巳	午	未	申
권설 卷舌	酉	戌	亥	子	丑	寅	卯	辰	巳	午	未	申
교살 絞殺	酉	戌	亥	子	丑	寅	卯	辰	巳	午	未	申
천구 天狗	戌	亥	子	丑	寅	卯	辰	巳	午	未	申	酉
조객 弔客	戌	亥	子	丑	寅	卯	辰	巳	午	未	申	酉
병부 病符	亥	子	丑	寅	卯	辰	巳	午	未	申	酉	戌
모월 慕越	亥	子	丑	寅	卯	辰	巳	午	未	申	酉	戌
적살 的殺	巳	丑	酉	巳	丑	酉	巳	丑	酉	巳	丑	酉
파쇄 破碎	巳	丑	酉	巳	丑	酉	巳	丑	酉	巳	丑	酉
함지 咸池	酉	午	卯	子	酉	午	卯	子	酉	午	卯	子
도화 桃花	酉	午	卯	子	酉	午	卯	子	酉	午	卯	子

자미성이 한 궁에 같이 있으면 가장 길한 별이어서 또 용덕으로 이름을 붙임.(紫微星, 同居一宮, 爲最吉之星, 又名龍德.)

또 현무로 이름을 붙임.(又名玄武.)

대살 大殺	申	酉	戌	巳	午	未	寅	卯	辰	亥	子	丑

대살 大殺	申	酉	戌	巳	午	未	寅	卯	辰	亥	子	丑
비렴 飛廉	申	酉	戌	巳	午	未	寅	卯	辰	亥	子	丑
고신 孤辰	寅	寅	巳	巳	巳	申	申	申	亥	亥	亥	寅
과숙 寡宿	戌	戌	丑	丑	丑	辰	辰	辰	未	未	未	戌
삼형 三刑	卯	戌	巳	子	辰	申	午	丑	寅	酉	未	亥
육해 六害	未	午	巳	辰	卯	寅	丑	子	亥	戌	酉	申
홍염 紅艶	卯	寅	丑	子	亥	戌	酉	申	未	午	巳	辰
천희 天喜	酉	申	未	午	巳	辰	卯	寅	丑	子	亥	戌
혈인 血刃	戌	酉	申	未	午	巳	辰	卯	寅	丑	子	亥
부침 浮沉	戌	酉	申	未	午	巳	辰	卯	寅	丑	子	亥
천해 天解	戌	酉	申	未	午	巳	辰	卯	寅	丑	子	亥
지해 地解	未	未	申	申	酉	酉	戌	戌	亥	亥	午	午
피두 披頭	辰	卯	寅	丑	子	亥	戌	酉	申	未	午	巳
황번 黃旛	辰	丑	未	戌	辰	丑	未	戌	辰	丑	未	戌
표미 豹尾	戌	未	辰	丑	戌	未	辰	丑	戌	未	辰	丑
역마 驛馬	寅	亥	申	巳	寅	亥	申	巳	寅	亥	申	巳

궁주의 이름이 마원 이하의 신살은 모두 역마에서 일어나 반 안에 이르러 이름을 멈추었으니, 마전과

마전 馬前	卯	子	酉	午	卯	子	酉	午	卯	子	酉	午	마후의 신살임. (宮主名馬元, 以下 神煞, 皆從驛馬起, 至攀鞍止名. 馬前馬 後神煞.)
화개 華蓋	辰	丑	戌	未	辰	丑	戌	未	辰	丑	戌	未	
겁살 劫殺	巳	寅	亥	申	巳	寅	亥	申	巳	寅	亥	申	
재살 災殺	午	卯	子	酉	午	卯	子	酉	午	卯	子	酉	
연살 年殺	酉	午	卯	子	酉	午	卯	子	酉	午	卯	子	
월살 月殺	戌	未	辰	丑	戌	未	辰	丑	戌	未	辰	丑	
망신 亡神	亥	申	巳	寅	亥	申	巳	寅	亥	申	巳	寅	
장성 將星	子	酉	午	卯	子	酉	午	卯	子	酉	午	卯	
반안 攀鞍	丑	戌	未	辰	丑	戌	未	辰	丑	戌	未	辰	
세전 歲殿	세가궁으로 갑을 일으켜 궁을 밀치며 순차로 헤아리면 태어난 천간을 만나는 것이 여기에 해당한다. (以歲駕宮起甲, 挨宮順數, 遇生年干是.)													
과갑 科甲	명궁을 충하는 것이 여기에 해당한다. (命宮對冲是.)													

從命宮或官祿宮, 所起神煞, 古法今法, 皆不適用, 從略.

명궁이나 혹 관록궁에서 일으킨 신살은 옛 법이나 지금의 법에서 모두 적용하지 않았으니, 그것에 따라 생략했다.

6) 월건 길흉의 신살을 일으킨 사례[月建吉凶神煞起例]

生月	正	二	三	四	五	六	七	八	九	十	十一	十二
월렴 月廉	申	酉	戌	亥	子	丑	寅	卯	辰	巳	午	未
월살 月殺	戌	巳	午	未	寅	卯	辰	亥	子	丑	申	酉
천모 天耗	子	寅	辰	午	申	戌	子	寅	辰	午	申	戌
지모 地耗	酉	寅	丑	卯	巳	未	酉	亥	丑	卯	巳	未
월부 月符	午	未	申	酉	戌	亥	子	丑	寅	卯	辰	巳
치란 值亂	日	日	月	月	火	羅	水	孛	木	炁	金	金
청수 淸受	子	亥	戌	酉	戌	亥	子	丑	寅	卯	寅	丑

(1) 삼태성 [三台星] 곧 삼기 [卽三奇]

卯巳午. 乙寄卯, 丙寄巳, 丁寄午. 見乙丙丁同論.

묘사오. 을은 묘에 병은 사에 정은 오에 의지한다. 을병정을 보아도 동일하게 논한다.

(2) 공망 [空亡]

甲子 丙寅 戊辰 庚午 壬申(戌) 乙丑 丁卯 己巳 辛未 癸酉(亥)

갑자 병인 무진 경오 임신은 술이고, 을축 정묘 기사 신미 계유는 해이다.

甲戌 丙子 戊寅 庚辰 壬午(申) 乙亥 丁丑 己卯 辛巳 癸未(酉)
갑술 병자 무인 경진 임오는 신이고, 을해 정축 기묘 신사 계미는 유이다.

甲申 丙戌 戊子 庚寅 壬辰(午) 乙酉 丁亥 己丑 辛卯 癸丑(未)
갑신 병술 무자 경인 임진은 오이고, 을유 정해 기축 신묘 계축은 미이다.

甲午 丙申 戊戌 庚子 壬寅(辰) 乙未 丁酉 己亥 辛丑 癸卯(巳)
갑오 병신 무술 경자 임인은 진이고, 을미 정유 기해 신축 계묘는 사이다.

甲辰 丙午 戊申 庚戌 壬子(寅) 乙巳 丁未 己酉 辛亥 癸丑(卯)
갑진 병오 무신 경술 임자는 인이고, 을사 정미 기유 신해 계축은 묘이다.

甲寅 丙辰 戊午 庚申 壬戌(子) 乙卯 丁巳 己未 辛酉 癸亥(丑)
갑인 병진 무오 경신 임술은 자이고 을묘 정사 기미 신유 계해는

축이다.

(3) 고허 [孤虛]

空亡對宮是.

공망과 궁을 마주하는 것이 여기에 해당한다.

(4) 진교태복 [進交退伏]

進神, 甲子甲午己卯己酉, 交神, 丙子丙午辛卯辛酉,

退神, 丁丑丁未壬辰壬戌, 伏神, 戊寅戊申癸巳癸亥.

진신은 갑자 갑오 기묘 기유이고, 교신은 병자 병오 신묘 신유이며, 퇴신은 정축 정미 임진 임술이고, 복신은 무인 무신 계사 계해이다.

以六十甲子, 分爲四段, 十五日爲一段, 第一位甲子爲進神, 歷十二日, 十三位丙子爲交神, 十四位丁丑爲退神, 十五位戊寅爲伏神. 十六位己卯同第一位, 再起進神, 餘類推.

60갑자를 네 부분으로 나눠 15일은 한 부분으로 하고는 첫 번째 갑자를 진신으로 하고, 12일을 지나 열세 번째 병자를 교신으로 하며, 열네 번째 정축을 퇴신으로 하고, 열다섯 번째 무인을 복신으로 한다. 열여섯 번째 기묘를 똑같이 첫 번째로 해서 다시 신(神)을 일으키며 나가며, 나머지 것들을 추산한다.

(5) 음차양착살 [陰差陽錯煞]

同交退伏神.

교신·퇴신·복신과 동일하다.

(6) 괘기 [卦氣] 곧 납갑 [卽納甲]

건乾	곤坤	간艮	태兌	감坎	리離	진震	손巽
壬甲	癸乙	丙	丁	戊	己	庚	辛
戌亥	未申	丑寅	酉	子	午	卯	辰巳

(7) 납음 [納音]

古法論命, 生剋變化, 皆取納音. 納音者, 宮商角徵羽五音, 與氣化相感應也. 一音十二律, 五音共六十律, 始金傳火傳木傳水傳土, 分列如下.

옛 법에서 운명을 논할 때는 생극변화를 모두 납음에서 취했다. 납음은 궁상각치우 다섯 음으로 기운의 변화와 서로 감응하는 것이다. 한 음은 십이률이니, 오음은 모두 육십음으로 처음에 금은 화에서 목에서 수에서 토에서 이어진 것인데, 다음처럼 분별된다.

納音	干支	五音	干支	納音	納音	干支	五音	干支	納音
차천금 釵釧金	庚戌 辛亥	金 商	甲子 乙丑	해중금 海中金	대해수 大海水	壬戌 癸亥	水 羽	丙子 丁丑	윤하수 潤下水
검봉금 劍鋒金	壬申 癸酉		壬寅 癸卯	금박금 金箔金	천중수 泉中水	甲申 乙酉		甲寅 乙卯	대계수 大溪水
사중금 砂中金	甲午 乙未		庚辰 辛巳	백랍금 白鑞金	천하수 天河水	丙午 丁未		壬辰 癸巳	장류수 長流水
산두화 山頭火	甲戌 乙亥	火 徵	戊子 己丑	벽력화 霹靂火	옥상토 屋上土	丙戌 丁亥	土 宮	庚子 辛丑	벽상토 壁上土
산하화 山下火	丙申 丁酉		丙寅 丁卯	노중화 爐中火	대역토 大驛土	戊申 己酉		戊寅 己卯	성두토 城頭土
천상화 天上火	戊午 己未		甲辰 乙巳	복등화 覆燈火	노방토 路旁土	庚午 辛未		丙辰 丁巳	사중토 砂中土
평지목 平地木	戊戌 己亥		壬子 癸丑	상자목 桑柘木					
송백목 松柏木	庚申 辛酉	木 角	庚寅 辛卯	석류목 石榴木					
양류목 楊柳木	壬午 癸未		戊辰 己巳	대림목 大林木					

7) 오행의 장생으로 일으킨 사례[五行長生起例]

태어난 해를 기준으로 납음을 취함[以生年納音取]

生年 納音	생 生	목 沐	관 冠	관 官	왕 旺	쇠 衰	병 病	사 死	묘 墓	절 絶	태 胎	양 養
木年	亥	子	丑	寅	卯	辰	巳	午	未	申	酉	戌
火年	寅	卯	辰	巳	午	未	申	酉	戌	亥	子	丑
水土年	申	酉	戌	亥	子	丑	寅	卯	辰	巳	午	未
金年	巳	午	未	申	酉	戌	亥	子	丑	寅	卯	辰

以上神煞星辰, 錄自七政四餘命書, 爲五星之造, 在古法中非盡適用. 茲爲硏求星煞源流起見, 特摘錄之, 以供參考. 參考書, 星平會海, 星平大成, 張果星宗.

이상의 신살의 성신은 칠정사요의 명서가 오성의 시작이 되는 것에서 기록하면서 옛날의 법에서 모두 적용한 것은 아니다. 이 때문에 별에서 성살(星煞)의 원류가 일어난 것에 대해 탐구하도록 특별히 추려서 참고하게 해 놨다. 참고서는 『성평회해』, 『성평대성』, 『장과성종』이다.

3. 논명 방식[論命方式]

古法論命, 以神煞爲主, 而論其生旺死衰. 神煞無可取, 則論戰關伏降, 戰關伏降者, 納音之生剋也. 神煞雖繁, 若提綱挈領言之, 可分三組: (一)寅申巳亥組, (二)子午卯酉組, (三)辰戌丑未組. 茲略述其看法以見一班.

옛 법에서 운명을 논할 때는 신살을 위주로 그 생왕사쇠를 논하였다. 신살에서 취할 것이 없으면 전관복강(戰關伏降)을 논하니, 전관복강은 납음의 생극이다. 신살이 번다할지라도 강령으로 말을 하면 세 조로 나눌 수 있으니, (1) 인신사해 조, (2) 자오묘유 조, (3) 진술축미 조이다. 이에 그 한 부분을 드러내 보는 법에 대해 간략히 서술하겠다.

1) 인신사해 조[寅申巳亥組]

寅申巳亥四宮, 神煞最多, 約略擧之, 有四亡神四劫煞四長生四祿四驛馬幷四天乙貴人. 吉凶神煞同居一宮, 吉多則吉, 凶多則凶, 此大槪也. 然凶煞雖多, 只要有一長生貴人, 卽可變凶爲吉. 或納音我剋或煞來剋我, 而我占强宮, 皆不爲害. 何謂强宮. 如壬申劍鋒金, 自居申宮祿地, 見丙申死絶之火[山下火], 豈能剋我哉.

인신사해라는 네 궁은 신살에 가장 많으니 간략하게 들면 네 번의 망신, 네 번의 겁살, 네 번의 장생 네 번의 록, 네 번의 역마와 아울러 네 번의 천을귀인이 있다. 길흉의 신살이 한 궁에 같이 있어 길함이 많으면 길한 것이고, 흉함이 많으면 흉한 것이니, 이것이 대략이다. 그런데 흉살이 많을지라도 한 번의 장생과 귀인이 있으면 곧 흉함이 길함으로 변한다. 혹 납음으로 내가 극을 하거나 혹 살이 와서 나를 극해도 내가 강한 궁을 차지하고 있으면 모두 해롭게 되지 않는다. 무엇을 강한 궁이라고 하는가? 이를테면 검봉금(劍鋒金)의 임신(壬申)은 자신이 신신궁 록지에 있어 사절(死絶)의 화[산하화(山下火)] 병신(丙申)을 만날지라도 어찌 자신을 극할 수 있겠는가?

(1) 살 속에서 살을 둘러싸고 있음 [煞中包煞]

日時一宮, 衆煞聚集, 煞自長生或帶貴人, 變煞爲生, 是名煞中包煞. 無吉神則煞無變. 非一煞占二宮也, 不在生年干頭, 及生年納音, 全在日時見煞, 煞自長生, 方可爲吉.

일과 시가 하나의 궁에 여러 살이 모여 있는데, 살 그것에서 장생하거나 귀인을 끼게 된다면, 살이 생으로 변한 것인데, 이것을 살 속에서 살을 둘러싸고 있음이라고 한다. 길한 신이 없다면 살에는 변화가 없다. 하나의 살이 두 궁을 차지하고 있는 것이 아니고, 태어난 연간의 머리와 태어난 연의 납음에 있지 않으며, 완전히 일시에 드러난 살인데, 살 그것에서 장생하면 길하다고 할 수 있다.

辛 辛 壬 庚
卯 巳 午 子
　胎 酉 癸

子午卯酉, 破碎在巳[卽暗金的煞], 名爲蛇頭開口. 子年生人, 見巳爲劫煞, 是煞於聚巳宮也, 喜得辛巳納音金, 自得長生, 故爲貴命.

자오묘유는 파쇄가 사(巳)에 있으니 [곧 암금적살(暗金的煞)임] 이름하여 뱀 대가리가 입을 벌리고 있다고 한다. 자(子)년에 태어난 사람이 사(巳)를 보면 겁살인데, 이 살이 사궁에 모여 있다. 신사(辛巳) 납음의 금을 얻는 것이 기쁨인데, 그것에서 장생을 얻었기 때문에 귀한 명조이다.

(2) 망신에서 귀함을 취함 [亡神聚貴]

壬 己 乙 乙
申 未 酉 巳
　胎 子 丙

巳年生人, 見申爲孤辰, 又爲亡神, 好在乙巳見申爲天乙貴人, 爲亡神聚貴, 又壬申劍鋒金, 自旺爲權, 故爲大貴之格.

사(巳)년에 태어난 사람이 신(申)을 보면 고신이고 또 망신이며, 좋게는 을사(乙巳)가 신(申)을 보면 천을귀인이니, 망신으로 귀함을 취한 것이고, 또 검봉금(劍鋒金)의 임신(壬申)이 스스로 제왕으로 권력을 삼았기 때문에 크게 귀한 격이다.

(3) 흩어져 있는 꽃다운 영혼 [分散英靈]

四柱之中, 只要一位長生專旺, 方可聚斂精神. 若年月生旺, 日時又生旺, 謂之分散英靈, 反主不貴.

사주에서 한 자리가 장생과 전왕이라면 정신을 모아 거둬들일 수 있다. 연과 월이 생왕인데 일과 시가 또 생왕이라면 흩어져 있는 영혼으로 도리어 명주에게는 귀하지 않다.

己	丙	戊	癸
亥	子	午	亥
	胎	酉	己

癸亥, 水自臨祿地, 戊午火, 丙子水, 各自居旺地, 己亥, 木自臨長生. 四位各自長生, 迭爲賓主, 精神分散, 氣勢不聚, 雖心性靈巧, 僅爲一術士而已.

계해(癸亥)는 수가 그것에서 녹지에 있고, 무오(戊午) 화와 병자(丙子) 수는 각기 그것에서 제왕지이며, 기해(己亥)는 목이 그것에서 장생에 임한다. 네 자리가 각기 그것에서 장생해 번갈아가면서 손님과 주인이 되니, 정신이 분산되고 기세가 모이지 않아 심성이 영민할지라도 겨우 한 분야에서 기술자가 될 정도일 뿐이다.

(4) 거둬 모인 정신 [聚斂精神]

辛 庚 壬 壬
巳 辰 寅 寅
　胎　巳　癸

年月日時, 四位納音皆金, 同長生於巳, 是爲聚斂精神 又臨天乙, 大貴之格, 雖巳爲孤辰劫煞, 反化煞爲權. 書云煞局不多原百箇, 亡神劫煞皆爲禍. 若逢祿貴及長生, 反煞爲權聲譽播, 此之謂也.

연월일시라는 네 자리의 납음이 모두 금으로 똑같이 사(巳)에서 장생해서 거둬 모인 정신에다가 또 천을에 있어 아주 귀한 격이니, 비록 사(巳)가 고신과 겁살이 될지라도 살(煞)을 권력으로 바꾼 것이다. 책에서 "살국(煞局)이 아주 다양하지 않아 망신과 겁살이 모두 재앙이 된다. 그런데 녹귀와 장생을 만나면 도리어 살(煞)이 권력이 되어 명성을 휘날리는 것이 된다."라고 하는 것이 이것을 말하는 것이다.

(5) 장생이 귀함을 두름 [長生帶貴]

甲申水見己亥木, 辛巳金見丙寅火, 各自得長生, 爲眞長生. 甲己合, 丙辛合, 又是亡劫帶祿馬貴人同到, 必主揚威沙漠, 聲振邊疆.

갑신(甲申) 수가 기해(己亥) 목을 보고, 신사(辛巳) 금이 병인(丙寅) 화를 보면 각기 그것에서 장생을 얻어 진실한 장생이 된다. 갑기합과 병신합은 또 망신과 겁살이 녹마와 귀인을 두르고 같이 온 것이니, 반드시 주로 사막에서 위엄을 날리고 변경에서 명성을 떨치는 것이다.

```
甲  乙  乙  乙
申  酉  酉  酉
   胎  子  丙
```

甲申乙酉納音爲水, 四水長生於申, 乙見申爲貴人, 三貴聚於申, 自得長生., 四柱同在一旬之內, 故爲大貴之格, 此李侍郎命也.

갑신(甲申)과 을유(乙酉)는 납음으로 수이니, 네 수가 신(申)에서 장생하는 것이다. 을(乙)이 신(申)을 보면 귀인이니, 세 번의 귀인이 신(申)에 모이면서 그것에서 장생하는 것이다. 사주가 동일하게 열 개의 한 줄에 있기 때문에 아주 귀한 격으로 바로 이시랑(李侍郎)의 명조이다.

神煞自得長生, 而年命納音與神煞, 同得長生於日時, 名生處逢生. 壬寅年見辛巳日時, 壬見巳貴人, 寅見巳劫煞, 壬寅辛巳, 皆納音金, 同得長生於巳是也. 又如乙酉見甲申之類, 皆主大貴, 如上兩造是也.

신살로 본래 장생을 얻었고, 연명의 납음과 신살이 일시에서 똑같이 장생을 얻어 생처(生處)에서 생(生)을 얻었다고 한다. 임인(壬寅)이 신사(辛巳)의 일과 시를 보면, 임(壬)이 사(巳) 귀인을 보고, 인(寅)이 사(巳) 겁살을 보니, 임인(壬寅)과 신사(辛巳)는 모두 납음으로 금이라 사에서 똑같이 장생을 얻는다는 것이 여기에 해당한다. 또 이를테면 을유(乙酉)가 갑신(甲申)을 보는 것들로 모두 주로 아주 귀한 것이니, 위와 같은 두 명조가 여기에 해당한다.

(6) 망신과 겁살이 귀함을 두름 [亡劫帶貴]

凡是有權須帶煞, 權星須用扶, 凡造物不能兩全. 神煞主權, 神煞重, 又不免多刑剋, 多幼孤. 此必然之理也. 劫煞亡神, 以亡神爲重, 以其太過也. [驛馬前爲亡神, 後爲劫煞.] 若一重亡劫, 或帶貴或自生旺, 主發達, 縱剋我無害. 若兩三重決主貧薄.

대체로 권력에는 반드시 살을 두르고 있으니, 권력의 별에는 반드시 도움이 필요한데, 조물주는 양쪽으로 온전하게 하지 않는다. 신살은 권세를 주로 하고, 신살이 무거우면 또한 형과 극이 많은 것을 면하지 못하니, 대부분 어려서 고아가 된다. 이것은 필연의 이치이다. 겁살과 망신은 망신이 중첩되어 너무 지나친 것이다. [역마의 앞이 망신이고 뒤가 겁살이다.] 만약 한 번 망신과 겁살이 중첩되었는데, 혹 귀함을 두르고 있거나 스스로 생왕하다면, 발달을 주로해서 함부로 나를 극해도 피해가 없다. 만약 거듭하거나 세 번 중첩하면서 거의 주로 명주가 빈천하다.

戊　乙　丁　辛
寅　未　酉　丑
　胎　子　戌

辛丑土見戊寅土, 丑見寅爲劫煞. 年命神煞同長生於寅, 辛見寅, 又爲貴人, 是爲劫煞帶貴. 初雖犯官事, 繋訟獄, 後大發.

신축(辛丑) 토가 무인(戊寅) 토를 보고, 축(丑)이 인(寅)을 보면 겁살이다. 연의 명으로 신살이 인(寅)에서 똑같이 장생하고, 신(辛)이 인(寅)을 보면 또 귀인이니, 이것이 겁살이 귀함을 두르고 있는 것이다. 초년에 관의 일을 침범해서 옥살이를 했을지라도 뒤에 크게 일어났다.

壬　丁　戊　辛
寅　亥　戌　丑
　胎　丑　己

辛丑見丁亥, 土得祿. [土長生於申祿於亥] 辛丑見寅爲劫煞帶貴, 故讀書及第, 得官就祿.

신축(辛丑)이 정해(丁亥)를 보았으니, 토가 록을 얻은 것이다. [토는 신에 장생하고 해에 녹이다.] 신축이 인을 보아 겁살인데 귀함을 두른 것이기 때문에 독서하여 급제하였고, 관직을 얻어 봉록을 얻었다.

上兩造, 皆是一重亡劫帶貴人, 故主貴. 若兩重亡劫, 決然貧薄, 且主訟獄徒流之困. 三重亡劫, 死絕無氣, 必是賊徒, 主牢獄惡病之災.

이상의 두 명조는 모두 한 번 망신과 겁살이 중첩되면서 귀인을 두른 것이기 때문에 주로 귀한 것이다. 만약 망신과 겁살이 두 번 중첩되었다면 결단코 빈곤했을 것이고, 또 명주가 소송으로 갇히거나 유배당하는 죄수일 것이다. 세 번 망신과 겁살이 겹친다면 사(死)와 절(絕)로 기운이 없으니, 반드시 불량배로 명주가 감옥에 가고 못된 병에 걸린다.

```
己 辛 丁 壬
亥 亥 未 子
   胎 戌 戌
```

壬子己亥, 皆納音木, 見亥長生. 子年生人, 見亥亡神. 不合兩重疊見, 貧薄, 決配他方.

임자(壬子)와 기해(己亥)는 모두 납음으로 목이니, 해(亥)를 보면 장생한다. 자(子)년에 태어난 사람은 해(亥)를 보면 망신으로 두 번 중첩되어 드러난 것에는 합하지 못하고 빈곤으로 다른 지방에서 짝을 짓는다.

人命有亡劫二煞, 大要我去剋煞, 不可煞來剋我. 我剋煞爲福之媒, 煞受剋自降, 則財自至, 名煞財. 如甲子金見己巳大林木, 則自爲福, 見乙巳覆燈火, 則自爲禍, 不必見祿馬貴人, 方始化凶爲吉也. 亡劫等煞見貴人, 則化煞爲權. 然一重爲吉, 若多見, 依舊貧薄. 如,

사람의 명조에 망신과 겁살 두 살이 있을 때, 크게 내가 가서 살을 극할 필요가 있고, 살이 와서 나를 극해서는 안된다. 내가 살을 극하는 것은 복의 매개로 살이 극을 당해 스스로 항복하면 재(財)가 저절로 이르니, 살재(煞財)라고 이름 붙인다. 이를테면 갑자(甲子) 금이 기사(己巳) 대림목(大林木)을 보면 저절로 복이 되고, 을사(乙巳) 복등화(覆燈火)를 보면 저절로 재앙이 되는데, 굳이 록마와 귀인을 만나지 않아도 비로소 흉함을 길함으로 변화시킬 수 있다. 망신과 겁살 등의 살이 귀인을 보면 살을 권세로 변화시킨다. 그러나 한 번 중첩되면 길하지만, 만약 여러 번 보면 그대로 빈곤하니, 다음과 같다.

丙 甲 庚 辛
寅 申 寅 亥
   胎 巳 辛

亥年生人, 見寅申爲亡神劫煞, 寅爲貴人, 然寅亥六合, 合起呑咽亡, 劫爲凶. 故一生修讀不弟, 中風而死. 若無貴人, 決然惡死.

해(亥)년에 태어난 사람은 인(寅)과 신(申)을 보면 망신과 겁살이고, 인(寅)이 귀인이지만 인(寅)과 해(亥)가 육합이니, 합이 일어나 망신을 삼켜 겁살이 흉하다. 그러므로 일생동안 수행과 독서로 급제하지 않고 중풍으로 죽었다. 귀인이 없다면 결단코 추하게 죽는다.

壬 甲 壬 己
申 寅 申 巳
   胎 亥 癸

巳年生人, 見寅申爲亡劫, 見巳申爲呑咽煞, 又巳生人見申貴人, 雖然天乙加臨, 而三重亡劫, 煞凶貴善, 三刑四冲, 氣勢分散, 無能爲力, 一刺配吏也.

사(巳)년에 태어난 사람이 인(寅)과 신(申)을 보면 망신과 겁살이고, 사(巳)와 신(申)을 보면 살을 삼킨 것이 된다. 또 사(巳)년에 태어난 사람이 신(申) 귀인을 보면, 비록 천을이 내려올지라도 세 번 망신과 겁살이 겹쳐 귀함과 선함을 살로 흉하게 하고 삼형이 네 번 충해서 기세가 분산되어 힘이 없으니, 한 번에 아내와 관리를 찔러 죽였다.

凡日時帶亡神劫煞者, 必主酒色成疾, 最喜長生貴人, 化煞爲權. 否則, 爲藝術九流之人. 若日月逢天月德, 則逢凶化吉, 卽使煞來剋我, 爲禍亦輕. 寅申巳亥四位全見, 若年命不遇長生,[納音] 終無結果, 如韓平原命.

일과 시에 망신과 겁살을 두르고 있는 경우는 반드시 주로 주색으로 병이 드니, 장생과 귀인이 살을 권세를 바꾸는 것이 가장 좋다. 그렇지 않으면 예술로 온갖 곳을 떠도는 사람이다. 일과 월에 천덕과 월덕을 만나면 흉함을 만나도 길함으로 바꾸니, 곧 살이 와서 나를 극함으로 재앙이 되는 것도 가볍다. 인신사해 네 자리가 온전히 드러났는데, 연의 명에서 장생[납음]을 만나지 못하면 끝내 결과가 없으니, 한평원의 명조와 같다.

丙　己　辛　壬
寅　巳　亥　申

　胎　寅　壬

壬申劍鋒金, 見丙寅爐中火, 以煅冶之, 故成大器. 然如此大貴, 不免身首異處, 在常人必無結果. 若己巳木易以癸巳金, 則金得長生矣. [壬申納音金, 必見癸巳, 方爲眞長生.]

임신(壬申) 검봉금(劍鋒金)이 병인(丙寅) 노중화(爐中火)를 보면 불로 담금질하기 때문에 큰 그릇이 된다. 그러나 이처럼 귀함에도 몸과 머리가 다른 곳에 있는 것을 면하지 못해 평범한 사람으로 반드시 결과가 없었다. 만약 기사(己巳) 목이 계사(癸巳)5)의 금으로 바뀐다면 금이 장생하게 된다. [임신(壬申)은 납음으로 금이니, 반드시 계사(癸巳)를 보면 진실한 장생이 된다.]

辛　壬　丙　甲
亥　午　寅　申
　　胎　巳　丁

此裕冲夷翰林命, 亦寅申巳亥全, 申運辛巳年被禍, 年五十八.

이것은 유충 이한림의 명조로 또한 인신사해가 온전하다. 신(申)운 신사(辛巳)년에 화를 당하니, 58세의 나이였다.

觀上列諸造, 可見神煞只宜一位, 不宜多見. 一位劫煞, 自生自臨官帝旺, 則煞化爲權, 必然顯達. 若兩三重, 雖然早發, 必主癆瘵亡身. 如,

위에서 열거한 여러 명조를 보면 신살은 단지 한 자리면 마땅하고 많이 드러나면 마땅하지 않음을 알 수 있다. 한 자리의 겁살인데 그것에서 생하고 그것에서 임관이고 제왕이면 살이 권세로 변화되어 반드시 현달하게 된다. 두 번 세 번으로 중첩되면 일찍 일어날지라

---

5) 납음에서 계사(癸巳)는 금이 아니라 수이다.

도 반드시 주로 병이 들어 몸을 망치니 다음과 같다.

戊 壬 辛 辛
申 申 丑 未
  胎 辰 壬

辛未戊申, 皆納音土, 未見申劫煞自長生, 不合兩重劫煞兩重長生, 早發嘔血而死.

신미(辛未)와 무신(戊申)은 모두 납음으로 토인데, 신(申) 겁살이 스스로 장생하는 것을 보지 못해 두 번 중첩되는 겁살과 두 번 중첩되는 장생에 합하지 못하니, 일찍이 일어났으나 피를 토하고 죽었다.

戊 戊 庚 甲
午 辰 午 戌
  胎 酉 辛

甲戌山頭火, 見午兩臨帝旺, 雖無神煞, 亦主疾病纏身.

갑술(甲戌)은 산두화(山頭火)이데, 오(午)가 두 번 제왕으로 임하는 것을 보니, 신살이 없을지라도 주로 자주 병에 걸린다.

(7) 고겁동진 [孤劫同辰]

孤辰劫煞, 最怕同辰. 如丑年生人, 見寅爲劫帶孤辰. 辰命人見巳, 戌命人見亥, 未命人見申, 皆是孤劫同辰, 更兼隔角, 主初年豪富, 中年刑剋孤貧. 所謂孤寡猶嫌於隔角是也. 僧道九流之人庶几, 中年退散, 喪身遠配, 徒流之命.

고신과 겁살은 같은 자리를 가장 두려워한다. 이를테면 축(丑)년에 태어난 사람은 인(寅) 겁살로 고신을 끼고 있는 것을 보는 것이다. 진(辰) 명조의 사람이 사(巳)를 보고, 술(戌) 명조의 사람이 해(亥)를 보며, 미(未) 명조의 사람이 신(申)을 보면, 모두 고신과 겁재가 같은 자리에다가 격각을 겸해 주로 초년에는 호걸과 부자이나, 중년에 형극을 당하고 외로우며 가난하니, 이른바 고신·과숙으로 오히려 격각을 싫어한다는 것이 여기에 해당한다. 승려와 도사로 온갖 곳을 떠도는 사람이 되기를 원하니, 중년에는 흩어져 자신을 망치고 먼 곳에서 결혼을 하며 떠도는 운명이다.

己　丙　庚　癸
亥　申　申　未
　胎　亥　辛

癸未納音木, 見己亥長生, 不合見申, 孤劫同辰, 又兼隔角, 疊見申字, 煞重身輕, 中年喪敗, 晚遭遠配.

계미(癸未)는 납음으로 목인데, 기해(己亥) 장생을 보았으나 신(申)을 보는 것에 합하지 않고, 고신과 겁살인 같은 자리인데다가 또 격각을 겸하면서 신(申)자를 중첩해서 보니, 살이 무겁고 자신이 가벼워 중년에 흩어져 만년에 먼 곳에서 짝을 만났다.

丙　丙　壬　己
申　申　申　未
　　胎　亥　癸

此造, 亦是孤劫同辰, 疊見三申, 神煞尤重. 喜得己年見申爲天乙貴人, 逢凶化吉, 但刑剋父母, 且無子.

이 명조도 고신과 겁살이 같은 자리로 3개의 신(申)을 중첩해서 봐서 신살이 더욱 무겁다. 기년은 신을 보면 천을귀인이 되는 것을 기쁘게 얻어 흉함을 만나도 길함으로 바꾸는데, 다만 부모를 형극하고 또 자식이 없다.

(8) 극이 나감과 극이 들어옴 [剋出剋入]

神煞之中, 以劫煞亡神最爲凶惡, 更怕惡煞聚衆攻身. 如己卯土見庚申木, 癸卯金見丙申火, 不但聚黨, 兼來剋主也. 凡凶煞皆宜我剋, 名爲剋出, 吉神宜其剋我, 名爲剋入. 若凶煞得當剋身, 皆主見災殃. 我剋凶煞, 則煞化爲權.

신살 중에서 겁살과 망신이 가장 흉악하니, 다시 흉악한 살이 모여 자신을 공격하는 것에 대해 두려워하는 것이다. 이를테면 기묘(己

卯) 토가 경신(庚申) 목을 보는 것이고, 계묘(癸卯) 금이 병신(丙申) 화를 보는 것으로 모여서 무리를 지을 뿐만이 아니라 겸하여 와서 명주를 극하기 때문이다. 흉살은 모두 내가 극하는 것이 마땅해서 극이 나감이라고 하고, 길신은 나를 극하는 것이 마땅해서 극이 들어옴이라고 한다. 흉살이 당연히 자신을 극할 수 있는 것은 모두 주로 재앙을 당하는 것이니, 내가 흉살을 극하면 살이 권세로 변하는 것이다.

　壬　壬　辛　癸
　寅　寅　酉　酉
　　胎　子　甲

辛酉納音木, 癸酉壬寅, 皆納音金, 酉見兩寅, 爲劫煞得當剋身, 被牛觸出骨, 病五月而死.

신유(辛酉)는 납음으로 목이고, 계유(癸酉)와 임인(壬寅)은 모두 납음으로 금이어서 유(酉)가 두 인(寅)을 보면 겁살로 자신을 극할 수 있으니, 소에게 떠받쳐 뼈가 드러남으로 다섯 달 동안 앓다가 죽었다.

(9) 명주는 앞이고 살은 뒤임 [主前煞後]

凡大富大貴之造, 無不用煞, 無煞則無權. 特主[年命]宜在前, 煞宜在後,如賈似道命造.

큰 부자와 아주 귀한 명조는 살을 쓰지 않음이 없으니, 살이 없으면 권세가 없다. 다만 명주[연명]가 앞에 있어야 하고 살은 뒤에 있어야 하니, 이를테면 가사도의 명조이다.

```
丙    丙    庚    癸
申    子    申    酉
   胎    亥    辛
```

酉爲主在前, 申爲煞在後, 癸酉納音金, 庚申納音木, 我剋煞化爲權. 丙申納音火, 火臨病位, 氣衰力微, 癸酉金居旺地, 故大富貴.

유(酉)는 명주로 앞에 있고, 신(申)은 살로 뒤에 있는데, 계유(癸酉)가 납음으로 금이고 경신(庚申)이 납음으로 목이니, 내가 살을 극해 권세로 만든 것이다. 병신(丙申)이 납음으로 화이고 화가 병(病)의 자리에 있어 기력이 쇠미하고, 계유(癸酉) 금이 왕지(旺地)에 있기 때문에 아주 부귀한 것이다.

(10) 파택살 [破宅煞]

命宅祿宅, 不宜與亡劫同辰. 故卯生人不宜見申, 酉生人不宜見寅, 謂之破宅煞. 命前五辰爲宅, 凶煞在其上, 故云破宅. 如亡劫懸針大耗隔角孤寡等是也. 見寅申全者, 愛造房屋. 先富後貧, 非官司抄沒, 必主燒毁.

명택(命宅)은 녹택(祿宅)이니, 당연히 망신·겁살과 같은 자리이지 않아야 한다. 그러므로 묘(卯)년에 태어난 사람은 신(申)을 보지 않아야 하고, 유(酉)년에 태어난 사람은 인(寅)을 보지 않아야 하니, 그것을 파택살(破宅煞)이라고 한다. 명의 앞에서 다섯 자리가 택(宅)인데, 흉살이 그 위에 있기 때문에 파택(破宅)이라고 하는 것이다. 이를테면 망신·겁살·현침·대모·격각·고신·과숙 등과 같은 것들이 여기에 해당한다. 인(寅)과 신(申)이 온전한 것을 보면 아끼면서 만든 건물이다. 그런데 앞에서는 부유하고 뒤에서는 빈곤하니, 관에서 노략질당하여 없어지지 않으면, 반드시 주로 화재로 훼손당한다.

```
甲  庚  癸  乙
申  寅  未  酉
    胎  戌  甲
```

女命, 初嫁卽遭回祿官訟, 賣盡田園, 離鄕背井之命.

여자의 명조로 처음 시집가면서 바로 화재와 관의 송사를 만나 농토를 모두 팔았으니, 고향을 등지고 떠나는 명조이다.

卯酉生人見寅申, 子午生人見己亥, 皆破宅煞, 若再得當剋主, 耗財破産, 決無疑也.

묘(卯)와 유(酉)년에 태어난 사람이 인(寅)과 신(申)을 보고, 자(子)와 오(午)년에 태어난 사람이 사(巳)와 해(亥)를 보면, 모두 파택살이다. 거듭해서 명주를 극하면, 재물의 소모로 파산하는 것은 거의 의심할 것이 없다.

甲　癸　癸　戊
寅　巳　亥　午
　　胎　寅　甲

戊午納音火, 見癸亥癸巳甲寅, 皆納音水, 是煞得當也, 聚衆尅身, 三次投軍, 復爲丐者.

무오(戊午)는 납음으로 화이고, 계해(癸亥)·계사(癸巳)·갑인(甲寅)을 보면 모두 납음으로 수여서 바로 살을 만난 것인데, 모여서 무리 지어 자신을 극하니, 세 차례 군에 투신했다가 돌아와 걸인이 되었다.

丁　癸　癸　戊
巳　巳　亥　午
　　胎　寅　甲

戊午火, 癸亥癸巳水, 得丁巳土, 以一土制二水, 而戊午火至巳臨官, 故富足. 但離祖而孤耳.

무오(戊午) 화가 계해(癸亥)와 계사(癸巳) 수에다가 정사(丁巳) 토를 얻으면 하나의 토로 두 수를 제어하면서 무오(戊午) 화가 사(巳)의 임관에 이르기 때문에 부유하고 풍족하다. 다만 조상을 떠나 고독할 뿐이다.

日名上宮, 時名帝座. 日見亡劫大敗破碎等煞, 或値臨官帝旺之地. 皆主剋妻.

일의 명칭은 위의 관이고 시의 명칭은 제(帝)의 자리이다. 일에서 망신·겁살·대패·파쇄 등의 살을 보거나 혹 임관·제왕의 곳을 만나면 모두 주로 처를 극한다.

流年太歲, 逢天干相生, 或納音相生, 主再婚室女, 或以妾爲妻.

유년의 태세가 천간과 만나 서로 생하거나 혹 납음으로 서로 생하면, 주로 처녀와 재혼하거나 혹 첩으로 처를 삼을 수 있다.

日上見祿馬, 或見貴人食神, 必主妻賢內助, 更兼六合, 主得美貌成家之妻.

일의 위에서 녹마를 보거나 혹 귀인과 식신을 보면 반드시 주로 처가 현명하게 내조하고, 다시 육합을 겸하면 주로 집을 흥성하게 하는 미인을 처로 얻는다.

亡劫孤寡同辰, 決然難爲六親, 日上逢之剋妻, 時上逢之剋子, 或妻愚子拗. 若更三刑同位, 決爲僧道孤貧之人.

망신·겁살·고과가 같은 자리는 결단코 육친이 되기 어렵고, 일의 위에서 만나면 처를 극하며 시의 위에서 만나면 자식을 극하니, 처가 어리석고 자식이 비뚤어진다. 만약 다시 삼형이 같은 자리에 있으면, 틀림없이 승려나 도인이 되거나 고독하고 빈궁한 사람이 된다.

(11) 녹마의 충과 합 [祿馬冲合]

祿爲貴人, 喜合忌冲, 亡劫凶煞, 喜冲忌合, 如.

녹이 귀인이면 합을 반기고 충을 꺼리며, 망신·겁살·흉살은 충을 반기고 합을 꺼리니, 다음과 같다.

```
己    己    乙    甲
巳    亥    亥    子
      胎    寅    丙
```

日時亥巳, 劫煞亡神, 年干甲與己合, 是爲合煞, 被人殺害, 死於非命.

일과 시의 해(亥)와 사(巳)는 겁살과 망신으로 연간 갑(甲)이 기(己)와 합을 하니, 바로 살과 합으로 남에게 살해되어 제명대로 살지 못했다.

庚 甲 丙 己
午 寅 寅 亥
　胎 巳 丁

亥年生人, 劫煞在寅, 甲寅日與年命己亥, 干支雙合. 己亥納音木, 甲寅納音水, 幸爲生我而非剋我. 若剋身, 必主早死, 幸生而非剋, 五十二歲死於獄.

해(亥)년에 태어난 사람은 인(寅)에 겁살인데, 갑인(甲寅)일이 연명 기해(己亥)와 천간과 지지가 쌍으로 합했다. 기해(己亥)는 납음으로 목이고, 갑인(甲寅)은 납음으로 수이니, 다행스럽게도 나를 낳아주어 나를 극하는 것이 아니다. 만약 자신을 극한다면 반드시 주로 요절하는데, 다행스럽게도 낳아주고 극하지 않아 감옥에서 52세로 죽었다.

若日時單見一位亡神或劫煞, 雖間有貴人, 而値死絕之地, 主貪杯好色, 藝術之人, 隨緣度日.

만약 일과 시에 홀로 하나의 망신이나 혹 겁살을 만나면서 귀인이 끼어들어 있을지라도 사절(死絕)지를 만나면 주로 주색을 좋아하는 예술인으로 인연 따라 하는 일 없이 세월을 보낸다.

合貴之中, 更宜帶官, 主少年平步靑雲. 貴人祿馬, 宜剋我, 名剋入, 有剋而帶合, 斯更妙矣. 合貴又名合祿, 干頭帶官星, 亦名得祿.

귀함과 합하는 가운데 다시 마땅하게 관을 두르면, 주로 소년에 평탄하게 청운을 밟는다. 귀인과 녹마가 마땅하게 나를 극하면 극이 들어옴이라고 하고, 극하면서 합을 두르면 이것은 다시 묘한 것이다. 귀함과 합하면 또한 녹과 합함이라고 하고, 천간의 머리에 관성을 두르면 또한 녹을 얻음이라고 한다.

戊 丙 己 辛
戌 午 亥 未
　胎　寅　庚

辛合丙官, 未合午貴, 上下官貴相合, 所以少年貢擧, 平步青雲.

신(辛)이 병(丙) 관과 합하고, 미는 오(午) 귀인과 합해 상하의 관과 귀인이 서로 합하니, 소년에 지방에서 조정으로 천거되어 평탄하게 청운을 밟았다.

丙 甲 辛 辛
寅 午 丑 未
　胎　辰　壬

時逢丙寅, 較之上造, 福力尤勝, 早年入仕.

시에서 병인(丙寅)을 만났는데, 위의 명조와 비교하면 복력이 더욱 좋으니, 어린 시절에 벼슬길로 들어섰다.

凡合有雙合單合內合外合順合反合之分, 禍福取斷相同. 天干合, 地支不合, 名單合. 干支皆合, 名雙合. 年命合爲內合, 月日時合, 爲外合. 戌命人, 時日寅午, 爲反合. 寅午命人, 見戌爲順合.

합에는 쌍합 단합 내합 외합 순합 반합의 구분이 있는데, 화복을 단정함에는 서로 같다. 천간이 합하고 지지가 합하지 않으면 단합이라고 하고, 천간과 지지가 모두 합하면 쌍합이라고 한다. 연명의 합은 내합이고, 월·일·시의 합은 외합이다. 술(戌) 명조의 사람이 시·일이 인(寅)·오(午)이면 반합이고, 인(寅)·오(午) 명조의 사람이 술(戌)을 보면 순합이다.

吉神喜合忌冲, 凶神忌合喜冲. 合空亡, 主人奸巧, 合陽刃, 更羅紋重疊互換, 主惡死. 如,

길한 신을 합을 반기고 충을 꺼리며, 흉악한 신은 합을 꺼리고 충을 반긴다. 공망과 합하면 주로 사람이 이익을 위해 남들에게 알랑거리고, 양인과 합하고 다시 라문(羅紋)이 중첩되면 서로 바꿔어 주로 나쁘게 죽으니 다음과 같다.

乙　庚　庚　乙
酉　辰　辰　酉
　　胎　未　辛

庚辰日, 屬甲戌旬, 年時落空亡, 辰酉合空, 羅紋重疊, 非犯法徒刑, 必破相惡死. [羅紋見下子午卯酉組, 天乙貴人節]

경진(庚辰)일은 갑술(甲戌)의 열 단위에 속해 연과 시가 공망인데, 진유가 공망과의 합으로 라문(羅紋)이 중첩되니, 범법으로 죄수가 아니면 반드시 서로를 파괴해 나쁘게 죽는다.[라문(羅紋)은 아래의 자오묘유의 조, 천을귀인의 절에 있음.]

咸池殺, 主風流好淫及腸風之疾, 若有合兼干剋, 及納音剋我, 主消渴之疾. 最忌日時見之, 水命人尤忌.

함지살은 주로 돌아다니며 방탕함을 좋아하고 결핵성 치질이 있는데, 합에 겸하여 천간의 극 및 납음에서 나를 극함이 있으면 명주에게 소갈병이 있다. 일과 시에서 그것이 있는 것을 가장 꺼리는데, 수(水) 명조의 사람은 더욱 꺼린다.

```
丁  辛  己  庚
酉  巳  丑  辰
    胎  辰  庚
```

申子辰人, 咸池在酉, 見巳酉丑合起桃花, 生性好色, 消渴喪身.

신자진(申子辰)의 사람은 함지가 유(酉)에 있어 사유축(巳酉丑)을 보고 도화를 일으키면 천성적으로 호색하여 소갈로 죽는다.

亡神劫煞, 切不宜合, 亦不宜剋主.[年命] 如見合而帶貴人, 化凶爲 吉, 不遇貴人, 又兼剋主, 必主非命.

망신·겁살은 대체로 합이 마땅하지 않고, 또한 명주를 극하는 것도 마땅하지 않다. 이를테면 합을 보고 귀인을 두르고 있으면 흉함을 길함으로 변화시키고, 귀인을 만나지 못한데다가 또한 겸하여 명주를 극하면 반드시 주로 명대로 살지 못한다.

己 己 癸 壬
巳 亥 卯 戌
　 胎 酉 癸

寅午戌生人, 見巳亥, 亡神劫殺全, 己土剋壬水, 是爲干剋. 壬見巳卯, 貴人. 逢沖主凶, 斬首, 此李太尉命也.

인오술(寅午戌)해에 태어난 사람이 사(巳)와 해(亥)를 봐서 망신과 겁살이 온전한데, 기토(己土)가 임수(壬水)를 극하니, 이것이 천간의 극이다. 임수(壬水)가 사(巳)·묘(卯)를 보면 귀인이다. 충을 만나 오로지 흉해 참수되었으니, 이것은 이태위의 명조이다.

丁 癸 癸 壬
巳 亥 卯 申
　 胎 午 甲

年命壬申, 時逢丁, 干支雙合. 合起巳刑申, 酒色破家. 又一女命, 壬申年見己巳日, 爲娼.

연의 명이 임신(壬申)으로 시에서 정사를 만나 천간과 지지가 쌍합한다. 합으로 사신형이 생겨 주색으로 집안을 파탄내었다. 어떤 여인의 명조로 임신(壬申)년이 기사(己巳)일을 만나 창기가 되었다.

(12) 파쇄살 [破碎煞]

神煞之中, 以暗金的煞爲最凶的煞者, 寅申巳亥生人見酉, 子午卯酉生人見巳, 辰戌丑未生人見丑是也. 若酉年生人, 而見寅申巳亥日時, 丑年生人, 而見辰戌丑未日時, 名回頭破碎, 主狡猾夭命. 若納音剋年命, 不滿三十. 煞之重者, 逢吉神化煞爲權亦重. 子午卯酉生人, 見巳破碎煞, 若逢受氣長生, 必主拜麻爲相, 逢死絶攢聚, 主屠宰爲業.

신살 중에서 암금적살을 가장 흉한 신살로 여기는 것은 인신사해(寅申巳亥)의 해에 태어난 사람이 유(酉)를 보고, 자오묘유(子午卯酉)의 해에 태어난 사람이 사(巳)를 보며, 진술축미(辰戌丑未)의 해에 태어난 사람이 축(丑)을 보는 것이 여기에 해당한다. 만약 유(酉)년에 태어난 사람인데, 인신사해(寅申巳亥)의 일과 시를 보고, 축(丑)년에 태어난 사람이 진술축미(辰戌丑未)의 일과 시를 본다면, 머리로 돌아가는 파쇄라고 하니, 주로 간교하고 요절한다. 만약 납음이 연명을 극하면 서른도 채우지 못한다. 살이 무거운 것은 길한 신을 만나면 살을 권력으로 바꾼 것도 무거우니, 자오묘유(子午卯酉)의 해에 태어난 사람이 사(巳) 파쇄살을 보면, 품수된 기운으로 장생을 만난 것과 같아 반드시 주로 배마(拜麻)를 도움으로 하고, 사절(死絶)이 모인 것을 만난 것과 같아 주로 도살을 생업으로 한다.

辛 辛 壬 庚
卯 巳 午 子
  胎 酉 癸

子年生人見巳亡神, 又兼的煞, 喜得辛巳納音金, 受氣長生之地, 爲陳學士之命造. 然拜麻之日卽被斥出, 則緣煞氣太重故也.

자(子)년에 태어난 사람이 사(巳) 망신을 보고 또 적살(的煞)을 겸하면, 신사(辛巳) 납음 금으로 품수된 기운 장생지를 반기는데 진학사의 명조이다. 그러나 배마(拜麻)의 날에 곧 배척당해 쫓겨났으니, 살의 기운이 너무 무겁기 때문이다.

辛 乙 己 乙
巳 卯 卯 卯
  胎 午 戊

卯年生人, 見巳劫煞孤寡破碎同辰, 凶煞攢聚, 一屠戶命也.

묘(卯)년에 태어난 사람이 사(巳) 겁살·고과·파쇄가 같은 자리이고 흉살이 모인 것을 보니, 어떤 도살업자의 명조이다.

(13) 쌍진살 [雙辰煞]

巳爲雙女, 亥爲雙魚, 命帶巳亥, 寅午戌立命及火羅計孛坐命, 華蓋併於空亡三刑孤隔, 多是雙生. 不然庶出過房, 或剋害父母兄弟.

사(巳)는 두 여자이고 해(亥)는 두 물고기이니, 명조에 사(巳)와 해(亥)를 끼고 있는데, 인(寅)·오(午)·술(戌)로 명조를 세우고, 화(火)의 나후(羅睺)·계도(計都)·월패(月孛)에 명조가 앉아 있으며, 화개가 아울러 공망·삼형·고신·격각을 아우르면, 쌍둥이로 태어난다. 그렇지 않으면 서출이나 양자로 혹 부모형제를 극하여 해친다.

兩干兩支相同, 名雙辰煞, 若帶六害亡神劫煞, 男當鰥居, 女多孀寡.

두 천간과 두 지지가 서로 같으면 쌍진살로 육해와 망신 겁살을 끼고 있으면 남자는 홀아비로, 여자는 대부분 과부로 수절하며 산다.

丙	丙	癸	癸
申	申	亥	亥
胎		寅	甲

名亡劫雙辰煞, 一長老命也.

망신 겁살 쌍진살로 이름붙이니, 어떤 승려의 명조이다.

```
丁 己 丁 乙
卯 卯 亥 亥
   胎 寅 戌
```

是名平頭雙辰煞, 乃一奴婢命.

이 명조는 평두 쌍진살로 바로 어떤 노비의 명조이다.

釋曇瑩云, 子午卯酉有死氣, 辰戌丑未四墓之鄕, 人命値之, 孤中孤也. 當以寅卯辰見午, 巳午未見酉, 申酉戌逢子, 亥子丑臨卯, 此是孤辰隔角. 蓋寅申巳亥爲孤, 辰戌丑未爲角, 隔此四位, 故云孤辰隔角.

석담형이 "자오묘유(子午卯酉)는 사기(死氣)가 있고, 진술축미(辰戌丑未)는 사묘(四墓)의 고향이니, 사람의 명조에 그것을 만나면 외로운 가운데 외롭다."라고 하였다. 인묘진(寅卯辰)으로 오(午)를 보고, 사오미(巳午未)로 유(酉)를 보며, 신유술(申酉戌)로 자(子)를 보고, 해자축(亥子丑)으로 묘(卯)를 보면, 이것이 고신과 격각이다. 대개 인신사해(寅申巳亥)가 고신이고, 진술축미(辰戌丑未)가 격각인데, 이 네 자리를 떨어져 있기 때문에 "고신과 격각이다."라고 하는 것이다.

```
己 丁 乙 己
酉 酉 亥 亥
   胎 寅 丙
```

是亦平頭雙辰煞, 一螟蛉子之命, 爲寡宿隔角. 亥子丑生人見戌爲寡宿, 亥酉隔戌, 故云.

이것도 평두 과진살이니, 어떤 양자의 명조로 과숙과 격각이다. 해자축(亥子丑)에 태어난 사람이 술(戌)을 보는 것이 과숙인데, 해(亥)와 유(酉)가 술(戌)과 떨어져 있기 때문에 말한 것이다.

寡宿孤辰, 刑傷最重, 犯全者決無子, 好爲僧道空房.

과숙과 고신은 형의 해침으로는 가장 무거우니, 온전함을 범할 경우에는 거의 자식이 없고 대부분 승려나 도사로 홀로 산다.

2) 자오묘유 조[子午卯酉組]

子午卯酉組中, 有四進神四陽刃四白虎災煞四咸池將星二懸針, 及破碎煞, 各主禍福.

자오묘유 조에서 네 진신(進神)과 네 양인과 네 백호·재살과 네 함지·장성과 두 현침 및 파쇄살이 있어 각기 화와 복을 주로 한다.

(1) 함지살 [咸池煞]

咸池主聰明技巧, 倜儻風流, 如坐旺宮, 必藝術精奇, 如空亡帶鬼, 無氣死絕, 必村巫粗工. [旺宮死絕, 均指納音言.]

함지는 총명과 기교를 주로 해서 풍류에 대범하고 뛰어나니, 제왕의 궁에 있다면 반드시 예술로 정교하고 기이하고, 공망으로 귀(鬼)를 두르고 기운 없는 사지·묘지라면 반드시 촌 무당이거나 서툰 기술자이다.[제왕의 궁과 사지와 절지는 모두 납음을 가리켜 말한 것임.]

咸池帶陽刃, 如甲戌火人見卯, 名咸池陽刃, 又如庚申庚辰見酉, 雖納音非水, 亦名咸池陽刃, 主多學多能, 未免多疾.

함지가 양인을 두르고 있어 이를테면 갑술(甲戌) 화의 사람이 묘(卯)를 보면 함지 양인이라고 하고, 또 이를테면 경신(庚申)과 경진(庚辰)이 유(酉)를 보면 납음으로는 수가 아닐지라도 함지 양인이라고 하니, 주로 많이 배우고 능한 것이 많아도 잦은 병치레를 면할 수 없다.

咸池煞最忌見水, 性濫滔淫, 與進神併, 美貌如花. 如申子辰生人, 逢癸酉, 或亥子水人, 皆爲忌見.

함지살은 수를 보는 것은 가장 꺼리니, 성품에 방종함이 넘치는데, 진신(進神)과 함께 있으면 미모가 꽃과 같다. 이를테면 신자진(申子辰)에 태어난 사람이 계유(癸酉)를 보는 것으로 혹 해자(亥子) 수의 사람은 모두 보는 것을 꺼린다.

月時, 名爲歲煞, 主父惡死. 屬火火死, 屬水水死, 屬土主瘟死, 屬金木, 主刃死, 各以其類推之. 咸池坐於日支妻宮, 更有陰差陽錯煞, 以及華蓋破碎臨於其上, 皆主妻不良, 或因妻受禍.

월시(月時)를 세살(歲煞)이라고 하니, 주로 아버지가 나쁘게 돌아가신다. 화에 속하면 화로 돌아가시고, 수에 속하면 수로 돌아가시며, 토에 속하면 주로 염병으로 돌아가시고, 금과 목에 속하면 주로 칼을 맞아 죽으니, 각기 그 종류대로 추산한 것이다. 함지가 일지 처궁에 있으면 다시 음차양착살이 있는 것인데, 화개와 파쇄살이 그 위에 있으면 모두 주로 처가 선량하지 못하거나 혹 처 때문에 화를 당한다.

(2) 천을귀인 [天乙貴人]

天乙貴人, 乃天上至尊之星, 又名文星. 若年時互換見之, 名羅紋貴人, 更得生旺有氣, 福力極重.

천을귀인은 바로 하늘에서 지극히 존귀한 별이고 또 문성(文星)으로 불리는 것이다. 혹 연과 시에서 서로 교체되어 있으면 나문귀인(羅紋貴人)이라고 하는데, 다시 생지이거나 제왕지로 기운이 있으면 복된 힘이 아주 많다.

```
己 辛 己 丙
亥 未 亥 申
  胎 寅 庚
```

丙見亥貴人, 己見申貴人, 年時互換得貴. 丙申爲山下火, 己亥納音 木以生之, 爲火有氣, 宰相之命.

병(丙)이 해(亥) 귀인을 보고, 기(己)가 신(申) 귀인을 보면, 연과 시가 서로 교대로 귀인을 얻은 것이다. 병신(丙申)은 산하화(山下火)이고, 기해(己亥)는 납음에서 목으로 나와 화에 기운이 있는 것이니, 재상의 명조이다.

```
壬 丙 丙 辛
寅 申 申 巳
  胎
```

辛貴在寅, 壬貴在巳, 互換得貴. 辛巳壬寅納音皆金, 金至寅巳無氣, 爲一太守之命.

신(辛)의 귀인이 인(寅)에 있고, 임(壬)의 귀인이 사(巳)에 있어 서로 귀를 얻은 것이다. 신사와 임인은 납음으로 모두 금인데, 금은 인(寅)과 사(巳)에 기운이 없으니, 어떤 태수의 명조이다.

凡命造之中, 第一貴者, 福顯爲官, 互換貴人, 第二貴者, 權煞爲官, 中等官階, 第三貴者, 秀氣而已, 如蘇東坡學士造.

모든 명조에서 첫 번째로 귀한 것은 복이 관으로 드러나면서 서로 교대로 귀인 것이고, 두 번째로 귀한 것은 권살이 관으로 중등의 관직인 것이며, 세 번째로 귀한 것은 빼어난 기운인 것으로 이를테면 소동파 학사의 명조이다.

```
乙  癸  辛  丙
卯  亥  丑  子
    胎  辰  壬
```

丙貴在亥, 丙子納音水, 臨官在亥, 爲秀氣也.

병(丙)의 귀인이 해(亥)에 있고, 병자(丙子)가 납음으로 수이며, 임관이 해에 있으니, 빼어난 기운이 된 것이다.

按, 東坡學士造, 丑宮癸辛併透, 見丙火, 名雪後陽光格. 日出於卯, 貴在天爵, 非一時代之人物也.

살펴보건대, 동파 학사의 명조는 축(丑)궁에 계(癸)와 신(辛)이 아울러 투간하면서 병화(丙火)를 드러내고 있으니, 설후양광격(雪後陽光格)이라고 한다. 태양이 묘(卯)에서 나와 귀함이 천작에 있으니, 한 시대의 인물이 아닌 것이다.

凡神煞遇合, 吉凶顯見, 合起吉神則吉, 合起凶煞則凶. 天乙貴人, 爲神煞中之最吉者, 最宜年時互換有氣, 名羅紋貴人, 更見六合, 少年顯達.

신살이 만나 합함에 길흉이 드러나니, 합으로 길신을 일으키면 길한 것이고 합으로 흉살을 일으키면 흉한 것이다. 천을귀인은 신살 가운데 가장 귀한 것으로 연과 시에 서로 교대로 되면서 기운이 있는 것이 최고로 좋으니, 나문귀인이라고 하는데, 다시 육합을 보면 소년에 현달하게 된다.

```
戊  癸  辛  甲
午  未  未  寅
    胎  戌  壬
```

甲見丑爲陽貴, 見未爲陰貴. 此造日時癸未戊午, 干支雙合, 合起陰貴. 貴在日支, 主得女人財力之助.

갑(甲)이 축(丑)을 보는 것은 양귀(陽貴)이고, 미(未)를 보는 것은 음귀(陰貴)이다. 이 명조는 일과 시가 계미(癸未)와 무오(戊午)로 천간과 지지가 쌍합이니, 쌍합으로 음귀를 일으킨 것이다. 귀함이 일지에 있어 주로 여인에게서 재력의 도움을 받는다.

(3) 진신 [進神]

子午卯酉組中, 有四進神, 甲子甲午己卯己酉是也. 進神不能單獨取用,與祿相合, 名爲進祿, 與天乙天官合, 名進官貴, 方爲吉神. 如與咸池合倂, 名進咸池, 時日見之, 主敗家. 如辛未見甲子, 是進咸池也. 辛未見甲午, 是進貴帶懸針也. 進神入命, 本無益處, 若逢陽刃咸池暴敗懸針等煞, 反作耗神. 如進陽刃, 在日上見之, 決主生離死別, 三妻之命, 時上見之, 無子絶嗣.

자오묘유(子午卯酉) 조에는 네 개의 진신(進神)이 있으니, 갑자(甲子)·갑오(甲午)·기묘(己卯)·기유(己酉)가 여기에 해당한다. 진신은 단독으로 용신을 취할 수 없어 녹과 서로 합하는 것을 진록(進祿)이라고 하고, 천을·천관과 합하는 것을 진관귀(進官貴)라 하니, 길신이 되는 것이다. 이를테면 함지와 합하고 아우르는 것을 진함지라고 하는데, 일과 시에서 보면 주로 집안을 망친다. 이를테면 신미(辛未)가 갑자(甲子)를 보면 진함지이다. 신미(辛未)가 갑오(甲午)를 보면, 이것은 진신과 귀인이 현침을 두르고 있는 것이다. 진신이 명조에 들어온 것은 본래 무익한 것이지만 양인·함지·폭패·현침 등의 살을 만나면 도리어 모신(耗神)이 된다. 이를테면 진양인(進陽刃)을 일주의 위에서 보면, 거의 주로 생리사별(生離死別)로 세 번 처를 맞이하는 명이고, 시주의 위에서 보면 자손과 후사가 없다.

白虎煞五行胎位也, 從納音取. 如庚申庚寅納音木, 木生於亥, 見辛酉爲木之胎位. 又逢陽刃飛刃, 主刑妻. 生成利口, 取憎於人.

백호살은 오행으로 태(胎)의 자리로 납음으로 취한 것이다. 경신(庚申)과 경인(庚寅)은 납음으로 목인데, 목은 해(亥)에서 장생하니, 신유(辛酉)를 보면 목의 태지이다. 또 양인과 비인을 만나면 주로 처를 죽이고, 말재주를 만들어 사람들에게 미움을 받는다.

(4) 음착양차살 [陰錯陽差煞]

陰錯陽差煞, 主喪中取妻, 或入贅他家, 過房贅婿, 否則剋妻. 女命逢之, 則爲續絃繼室, 否則身有刑剋, 外家零落.

음착양차살은 주로 상을 치르는 가운데 처를 취하거나 혹 다른 집에 들어간 군식구로 일가의 양자가 되거나 데릴사위가 되고, 그렇지 않으면 처를 극한다. 여자의 명조에서 만나면 실을 잣는 후실이 되거나 그렇지 않으면 몸에 형극이 있고 외갓집이 보잘 것 없게 된다.

陰錯陽差煞, 最爲凶惡. 不論日時年月, 皆不宜相逢. 如,

음착양차살은 최고로 흉악하다. 일시나 연월을 막론하고 모두 만나는 것이 마땅하지 않으니 다음과 같다.

癸 壬 丁 丁
卯 戌 未 亥
　胎 戌 戌

丁未壬戌月日, 犯陰錯陽差煞, 元配生女, 半載而死, 續娶一妻, 仍不能偕老.

정미(丁未)와 임술(壬戌)이 월과 일로 음착양차살을 범했으니, 첫 부인이 딸을 낳고 반년 만에 죽자 이어 어떤 여자를 얻었으나 거듭해서 함께 늙어갈 수 없었다.

丙　丁　庚　丙
午　丑　寅　子
　　胎　巳　辛

丙子丁丑丙午年日時, 均犯陰錯陽差煞, 亦取三妻.

병자(丙子)·정축(丁丑)·병오(丙午) 연·일·시가 모두 음착양차살을 범했으니 또한 세 처를 취하는 것이다.

陰錯陽差煞, 如與咸池煞相會, 更在帝旺之位, 必主因孀女, 惹起訟獄之災, 或因外家, 妻妾致官非之禍, 如,

음착양차살이 이를테면 함지살과 서로 모여 다시 제왕의 자리에 있으면, 반드시 주로 과부의 딸 때문에 소송의 화를 야기하고 혹 외가 때문에 처첩이 관에서 벌을 주는 화를 일으키니, 다음과 같다.

戊 辛 己 庚
子 卯 丑 午
　　胎　辰　庚

日犯陰錯陽差煞．寅午戌生人見卯，爲咸池錯差，桃花相會，三次招婦女官事．

일주에서 음착양차살을 범하였다. 인오술(寅午戌)에 태어난 사람이 묘(卯)를 보니, 함지 착차로 도화가 서로 만나 세 차례 부녀(婦女)와 관련된 관의 일을 불러왔다.

壬 辛 壬 辛
辰 酉 辰 亥
　　胎　未　癸

辛酉壬辰，均陰錯陽差煞，辛亥納音金，至酉上居帝旺位，因婦女官事，以致破家．

신유(辛酉)와 임진(壬辰)이 모두 음착양차살이고, 신해(辛亥)가 납음으로 금이어서 유(酉)에 제왕의 자리이니, 부녀와 관련된 관의 일로 집안을 망쳤다.

己 丙 戊 癸
亥 子 午 亥
　　胎　酉　己

癸亥丙子, 皆陰錯陽差煞. 亥生人見子爲咸池, 癸亥納音水, 又在帝旺位, 因女色若起事端, 卒以官事被禍, 其驗如此.

계해와 병자는 모두 음착양차살이다. 해(亥)에 태어난 사람이 자를 보면 함지이고 계해(癸亥)는 납음으로 수인데, 제왕의 자리에 있어 여색으로 사단을 일으키면서 마침내 관의 일로 화를 당하니, 그 증거가 이와 같은 것이다.

(5) 양인 [陽刃]

陽刃以日時見之爲最忌, 必主剋妻, 若納音來剋身, 主生離一妻, 死二妻. 如丙午生見甲午之類, 爲貼身陽刃. 年月時之刃, 聚於日上, 難免駝腰狗背, 或遭流笞之刑. 女命逢之, 非夭傷, 卽投河自縊, 不得其死, 雖有天月德相救, 亦不免見血光也.

양인은 일시에서 보는 것을 가장 꺼리고, 반드시 주로 처를 극하는데, 만약 납음이 와서 자신을 극하면 주로 한 처와 이혼하고 두 처가 죽는다. 이를테면 병오(丙午)에 태어난 사람이 갑오(甲午) 같은 것을 보면 첩신양인(貼身陽刃)이다. 연월시의 인(刃)이 일주 위에 모이면 낙타의 허리나 개의 등을 면하기 어렵거나 혹 유배형이나 태형을 받는다. 여자의 명조에서 만날 경우에 젊을 때 상해를 당하지 않으면 곧 물에 투신하거나 목을 매어 제대로 죽지 못하니, 천월의 덕이 서로 구제할지라도 피를 뿌리는 사건을 면하기 어렵다.

戊 壬 丙 丙
申 午 申 寅
　　胎　亥　丁

年月刃, 聚於日支午, 年十八遭極刑.

연과 월의 인(刃)이 일지 오(午)에 모이니, 18살에 극형을 당했다.

庚 丁 甲 丙
午 亥 午 寅
　　胎　酉　乙

女命, 寅生人見亥, 爲天德. [見上地支諸星起例]. 刃見月時, 得天德解救, 雖免非命之慘, 却因產難而死, 終見血光.

여자의 명조로 인(寅)에 태어났는데 해(亥)를 봤으니 천덕이다. [위에서 지지의 여러 별을 일으킨 사례에 있음.] 인(刃)이 월과 시에 있으면 천덕을 얻어 구제를 받는데, 비록 명대로 살지 못하는 참혹함을 면했을지라도 난산으로 죽었으니, 마침내 피 뿌리는 것을 보게 된 것이다.

乙 乙 乙 庚
酉 酉 酉 戌
　　胎　子　丙

古言陽刃宜男不宜女. 不怒而威, 如趙葵丞相命.

옛날 말에 양인은 남자에게 마땅하고 여자에게 그렇지 않은 것이다. 화를 내지 않아도 위엄이 있으니, 이를테면 조규승 재상의 명조이다.

帶三重旺氣陽刃, 不併華蓋咸池懸針等煞, 主有威權.

세 번 중첩으로 제왕의 기운과 양인을 두르고 있고, 화개·함지·현침 등의 살을 아우르지 않으니 주로 권위가 있는 것이다.

日中陽刃兼華蓋, 如己亥己卯己未生人見未日, 主妻先嫁一人, 卒急寒房, 方免禍害.

일주의 양인이 화개를 겸하면, 이를테면 기해(己亥)·기묘(己卯)·기미(己未)년에 태어난 사람이 미(未)일을 보면, 주로 처가 먼저 한 사람을 보낸 것인데, 마침내 차가운 방을 급하게 하면 재앙의 피해를 면할 수 있다.

(6) 모임과 분산 [攢聚分散]

凡神煞須看他攢聚或分散, 爲禍爲福不同, 若分開, 則禍福皆分散而輕, 攢聚, 則禍福亦攢聚而重, 如,

신살에서는 그것들이 모이고 분산하면서 화가 되는지 복이 되는지 같지 않은 점을 봐야 한다. 분산되면 화와 복이 모두 분산되어 가볍고, 모이면 화와 복도 모여서 무거우니, 다음과 같다.

```
丁 丁 丁 甲
巳 卯 卯 戌
   胎 午 戌
```

卯爲陽刃, 巳爲亡神, 謂之分散. 不合太多, 壽不滿五十而死, 無子.

묘(卯)가 양인이고 사(巳)가 망신이니, 분산되었다고 한다. 합하지 않은 것이 거의 대부분이니, 나이 50도 못돼 죽었고 자식도 없다.

```
甲 丙 壬 丙
午 子 辰 寅
   胎 未 癸
```

子爲喪門, 又爲陰錯陽差煞. 甲午是進神陽刃, 謂之攢凶聚煞, 貧賤早夭.

자(子)가 상문이면서 또 음착양차살이다. 갑오(甲午)가 진신(進神) 양인으로 흉살을 모으니, 빈천하고 일찍 죽었다.

空亡一煞, 與進交退伏相同, 不自爲禍福. 凶煞落空亡, 則逢凶得解大吉. 祿馬貴人落空亡, 則減福. 空亡喜生旺, 必主聰明, 忌死絶不眞, 故犯空亡而發者, 多藝術九流之人.

공망은 하나의 살로 나아가며 교대로 물러나고 엎드리는 것과 서로 같으니, 본래 화복이 되지 않는다. 흉살이 공망이면 흉을 만남이 해결되어 크게 길하다. 녹마와 귀인이 공망이면 복을 덜어낸 것이다. 공망은 생지와 왕지를 반기니 반드시 주로 총명하고, 사지와 절지를 꺼리니 진실하지 않기 때문이다. 그러므로 공망을 범하고도 일어나는 것은 대부분 예술을 하면서 온갖 곳으로 떠도는 사람들이다.

貴人祿馬, 居神煞之首位, 若貴人祿馬同旬, 不帶空亡, 不逢冲擊, 而納音得自旺自生, 併帶六合, 魚化爲龍, 貴顯無疑. 若臨死絶休囚則 無益. 逢冲擊空亡, 則減福力, 卽使出身貴介, 爲侯門將相之子, 亦只能隨緣度日也. 如,

귀인과 녹마는 신살의 첫 자리에 있는데, 만일 그것들이 같은 10단위에 있으면서 공망을 두르지 않고 충의 부딪힘을 만나지 않으며 납음이 그것에서 왕지이고 그것에서 생지이면서 아울러 육합을 두르고 있으면, 고기가 용으로 변화하는 것이어서 귀하게 드러남은 의심할 것이 없다. 만약 사지와 절지의 휴수(休囚)이면 무익하다. 충으로 부딪히는 공망을 만나면 복의 세력이 감소되어 출신이 귀족으로 왕족이나 장군·제상의 자식일지라도 인연에 따라 하는 일 없이 세월을 보낼 뿐이니, 다음과 같다.

己 辛 己 丙
亥 未 亥 申
　胎　寅　庚

丙貴在亥, 己亥納音木, 貴人自帶長生也, 又同屬甲午一旬之內, 所以大貴.

병(丙)의 귀인이 해(亥)에 있고, 기해(己亥)의 납음은 목이니, 귀인이 스스로 장생을 두르고 있으면서 또 동일하게 갑오(甲午) 열 단의 자리 속에 있기 때문에 아주 귀한 것이다.

壬 庚 庚 己
午 午 午 亥
　胎　酉　辛

己祿在午, 月日時三逢午位, 祿太多, 己亥納音木, 至午爲死絶之地, 所以爲道人.

기(己)의 녹이 오(午)에 있는데, 월·일·시로 세 번 오(午)의 자리를 만나 녹이 너무 많은데, 기해(己亥)가 납음에서 목으로 오(午)에서 사지와 절지이기 때문에 도인이 되었다.

年月日時四柱, 在一旬之內, 如兄弟一家之人, 爲福爲禍, 格外親切. 如祿馬官貴同旬, 則門充駟馬, 顯親揚名. 陽刃破碎同旬, 則爲禍亦較切.

연·월·일·시의 네 기둥이 하나의 열 단위 속에 있으면, 형제와 일가의 사람들에게 복도 되고 화도 되는데, 유달리 친절하다. 이를테면 녹마와 관귀가 같은 열 단위의 자리에 있으니, 문에 네 마리 말이 끄는 마차가 붐비고 친척들이 드러나며 명예를 드날린다. 양인과 파쇄가 같은 열 단위에 있으면 재앙이 됨이 또한 분명하다.

驛馬生旺, 爲人性快, 咸池疏爽, 待人慷慨.
녹마가 장생과 제왕이면 성격이 쾌활하고, 함지가 솟구치면 사람을 대함에 비분강개한다.

勾絞三刑, 亡劫相併, 爲人狡猾機詐, 如甲申生人, 見乙亥辛巳之類, 若日時年月重見, 城府深沉, 姦詐百出.
구교(勾絞)와 삼형과 망신과 겁살이 서로 나란히 있으면 사람됨이 교활하고 간교하니, 이를테면 갑신(甲申)에 태어난 사람이 을해(乙亥)와 신사(辛巳)와 같은 것들을 보는 것인데, 일시와 연월에 거듭해서 드러나면, 마음에 담을 쌓아 속을 드러내지 않으면서 갖가지로 간사하게 행동한다.

3) 진술축미의 조[辰戌丑未組]

辰戌丑未爲四印. 戊己屬土, 遇四季爲本宮, 主信. 甲乙逢之爲財, 財已入庫, 主人貪鄙. 丙丁得之爲窮氣, 不貧則夭. 庚辛逢之爲子歸母腹. 或四位不全, 在死絶之地, 主人勾絞, 使術數, 或聚煞於丑宮, 多夭折.

진술축미(辰戌丑未)는 사인(四印)이다. 무(戊)와 기(己)는 토에 소속되어 모퉁이 사계(四季)가 본래의 궁으로 믿음을 주로 한다. 갑(甲)과 을(乙)이 그것을 만나면 재(財)가 되는데, 재가 입고되고 나면 주로 사람이 탐욕스럽고 비열하다. 병(丙)과 정(丁)이 그것을 얻으면 궁색한 기운이 되니 빈곤하지 않으면 요절한다. 경(庚)과 신(辛)이 그것을 만나면 자식이 어머니의 배로 돌아오는 것이다. 혹 사위(四位)가 온전하지 않아 사지와 절지에 있으면서 주로 사람이 구교(勾絞)이면 술수를 부리고, 혹 축(丑)궁에 살이 모여 있으면 대부분 요절한다.

辰爲天罡大煞, 戌爲河魁, 丑爲大吉, 未爲小吉, 人命辰戌丑未全, 多主孤剋. 卽使命合富貴, 亦不利六親.

진(辰)은 천강대살(天罡大煞)이고 술(戌)은 하괴(河魁)이며, 축(丑)은 대길(大吉)이고, 미(未)는 소길(小吉)이니, 사람의 명조에 진술축미(辰戌丑未全)가 온전하면 대부분 외롭고 극을 해서 곧 명조가 부귀에 합할지라도 육친에는 이롭지 않다.

辰戌丑未四位中, 有華蓋陽刃飛刃墓庫三刑破碎諸煞, 若全帶, 未有不享福者. 如甲辰甲戌辛未之類是也.

진술축미 네 자리 중에는 화개·양인·비인·묘고·삼형·파쇄의 여러 살이 있는데, 그것을 온전하게 두르고 있으면 복을 누리지 않는 경우가 없다. 이를테면 갑진(甲辰)·갑술(甲戌)·신미(辛未)와 같은 것들이 여기에 해당한다.

戌人見戌, 未人見未, 丑人見丑, 辰人見辰, 時上疊逢華蓋煞, 不論男女, 多主離群索居, 孤獨寂寞. 華蓋喜於自墓及相生, 乃可享淸閑之福, 否則, 僧道九流. 如庚辰之類, 不能自墓. [庚辰納音金, 辰爲水墓, 非金墓.] 只是村巫粗藝之人. 墓庫逢華蓋, 主享福壽. 惟六親多剋, 日妻時子, 以分輕重.

술(戌)년에 태어난 사람으로 술(戌)을 보고, 미(未)년에 태어난 사람으로 미(未)를 보며, 축(丑)년에 태어난 사람으로 축(丑)을 보고, 진(辰)년에 태어난 사람으로 진(辰)을 보는데, 시주 위에 중첩해서 화개살을 만나면 남녀 불문하고 대부분 주로 친구들을 떠나 홀로 쓸쓸하게 살면서 고독하고 적막하게 지낸다. 화개는 자신의 묘지에서 상생하는 것을 반기니, 바로 한가하고 조용한 복을 누릴 수 있거나 그렇지 않으면 승려나 도사로 온갖 곳을 떠도는 것이다. 경진(庚辰)과 같은 것은 스스로 묘지가 될 수 없고, [경진(庚辰)은 납음으로 금인데, 진(辰)은 수의 묘지이지 금의 묘지가 아님.] 단지 촌의 무당이고 서툰 예인(藝人)일 뿐이다. 묘고가 화개를 만나면 주로 복과 장수를 누린다. 다만 육친으로는 극이 많으면, 일의 처와 시의 자식으로 경중을 나눈다.

```
甲 己 甲 甲
戌 未 戌 戌
   胎 丑 己
```

甲戌納音火, 見戌自墓, 時上又見戌, 爲墓庫逢華蓋. 福壽雖高, 父母妻子多剋.

갑술(甲戌)은 납음에서 화로 술(戌)을 봐서 자신의 묘지인데, 시에서 또 술(戌)을 봐서 묘고가 화개를 만난 것으로 복이 많고 장수할지라도 부모와 처자에게 극이 많다.

丑人逢寅, 戌人見亥, 未人見申, 辰人見巳, 爲孤辰劫殺, 須帶長生, 逢祿馬貴人尤妙. 土旺辰戌丑未, 人命逢之, 性多拗執. 若陽刃飛刃三刑同位併見, 主人性急剛惡, 外貌溫和, 內情拗執. 若不刑妻剋子, 必然六親不和. 若四柱見兩三重陽刃, 又與三刑同位來傷主者, 不但刑剋妻子, 且不善終也.

축(丑)년에 태어난 사람으로 인(寅)을 보고, 술(戌)년에 태어난 사람으로 해(亥)를 보며, 미(未)년에 태어난 사람으로 신(申)을 보고, 진(辰)년에 태어난 사람으로 사(巳)를 보면 고진과 겁살인데, 반드시 장생을 두르고 있으면서 녹마와 귀인을 만나면 더욱 묘하다. 토가 왕성한 진술축미(辰戌丑未)를 사람의 명조에서 만나면 성격이 대부분 고집스럽다. 양인·비인·삼형이 같은 자리에 아울러 보이면, 주로 사람이 성급하고 굳세며 좋지 않고, 외모는 온화하고 속마음은 고집스럽다. 처를 형하고 자식을 극하지 않으면 반드시 육친이 화목하지 않다. 사주에 두 번 세 번 양인이 겹치면서 또 삼형과 같은 자리에서 와서 명주를 형할 경우에는 처자를 형극할 뿐만 아니라 생을 잘 마감할 수 없다.

如帶陽刃, 不要剋我, 亦不要他旺, 他弱, 則降我爲福. 他强我弱則禍. 如甲寅水見辛卯木之類是也.

양인을 두르고 있으면 나를 극할 필요가 없고, 또한 다른 것이 왕성할 필요도 없으니, 다른 것이 약하면 나에게 항복하는 것이 복이 된다. 다른 것이 강하고 내가 약하면 화가 된다. 이를테면 갑인(甲寅)의 수가 신묘(辛卯) 목과 같은 것을 보는 것이 여기에 해당한다.

辰爲天罡, 又爲地網, 戌爲天魁, 又爲天羅, 凡人遇辰戌日時, 未有不孤者也, 須過房或離鄕方無礙. 如相剋, 只宜藝術空門人.

진(辰)은 천강(天罡)이고 또 지망(地網)이며, 술(戌)은 천괴(天魁)이고 또 천라(天羅)이니, 일반 사람들이 진(辰)과 술(戌)의 일과 시이면 외롭지 않은 경우가 없으니, 반드시 양자이거나 고향을 떠나야 막힘이 없다. 서로 극하면 오직 예술가나 승려가 마땅할 뿐이다.

辰能合酉, 酉冲卯, 故辰與卯害, 未能合午, 午冲子, 故子與未害. 此名暗六害, 人命遇者, 不得過房隨母嫁, 定爲僧道及孤貧. [辰戌丑未組完, 以下統論十二宮.]

진(辰)이 유(酉)와 합하는데 유(酉)는 묘(卯)와 충하기 때문에 진(辰)과 묘(卯)가 해(害)이고, 미(未)는 오(午)와 합하는데 오(午)는 자(子)와 충하기 때문에 자(子)와 (未)가 해(害)이다. 이것을 암육해(暗六害)라고 하니, 사람의 명조에서 만날 경우에 양자가 되지 않으면 어머니를 따라 가고, 승려나 도사가 되어 외롭고 가난하다. [진술축미(辰戌丑未)의 조가 완성되었으니 이하에서는 12궁에 대해 통론하겠음.]

吉神喜其剋我, 凶煞喜我剋之, 若鬼煞皆不剋身, 要分戰鬪伏降, 論其輕重. 他弱我强方爲福, 鬼强我弱便爲凶. 鬼多只宜九流, 空裏營謀. 若敗宮鬼多, 身居旺地, 雖能顯發, 終不如意, 故書曰, 無鬼不能成造化, 無煞安能身有權, 只怕鬼多兼煞衆, 凶多吉少便爲愆. 凡貴人祿馬主溫和, 神煞主猛烈. 命中無鬼無煞, 決非貴命. 但恐多見分秀, 不但凶煞不宜多, 貴人祿馬亦不宜多見也.

길신은 나를 극하는 것을 반기고, 흉살은 내가 극하는 것을 반기니, 만약 귀살(鬼煞)이 모두 자신을 극하지 못하면, 전투로 항복시키는 것을 나눠 그 경중을 논한다. 남이 약하고 내가 강하면 복이 되고, 귀(鬼)가 강하고 내가 약하면 곧 흉함이 된다. 귀(鬼)가 많으면 온갖 곳으로 떠돌며 속없이 도모하는 것일 뿐이다. 패궁(敗宮)에 귀(鬼)가 많고 자신이 왕지에 있으면, 드러나게 일어날지라도 끝내 뜻대로 되지 않기 때문에 책에서 "귀(鬼) 없이 조화를 이룰 수 없고, 살 없이 어찌 자신에게 권세가 있겠는가? 다만 귀(鬼)가 많은데 살을 겸해 무리지어 있으면 흉함이 많고 길함이 적은 것이 두려울 뿐이다."라고 하였다. 귀인과 녹마는 온화함을 주로 하고 신살은 맹렬함을 주로 한다. 명조에 귀(鬼)가 없고 살이 없으면 거의 귀한 명조가 아니지만 다만 분수의 뛰어남을 많이 보는 것이 두려울 뿐이니, 흉살은 많지 않아야 될 뿐만 아니라 귀인과 역마도 많이 보지 않아야 된다는 것이다.

鬼强不可一例言凶, 鬼强而受制, 便是貴命. 若鬼來剋我, 我占强宮, 亦不爲害. 鬼敗本强, 福壽富貴之命. 相剋論强弱, 相生亦當論强弱. 母生子廣, 則母虛, 如母占强宮無礙, 須分四季論之. 如金人土爲母, 見水爲子.

귀(鬼)의 강함은 한 가지 실례로 흉함을 말할 수 없다. 귀(鬼)가 강한데 제재를 당하면 곧 귀한 명조이다. 귀(鬼)가 와서 나를 극하는데, 내가 강한 궁에 있어도 해로움이 되지 않는다. 귀(鬼)가 패해 본인이 강하면 복이 있고 장수하며 부귀한 명조이다. 상극으로 강약을 논하니, 상생으로도 강약을 논해야 한다. 어미가 자식을 생하는 것이 넓으면 어미가 비어 있는 것인데, 어미가 강한 궁에 있다면 장애가 없으니, 네 계절로 나눠 논해야 한다. 이를테면 금에 태어난 사람이 토를 보면 어미이고 수를 보면 자식이다.

```
 乙  乙  乙  庚
 酉  酉  酉  戌
   胎  子  丙
```

庚戌金, 乙酉丙子水, 一金生四水, 母生子廣. 却喜生於八月, 母旺子衰, 金逢當旺之時, 煞不得地, 而身得地, 子不能竅母之氣, 故貴.

경술(庚戌)은 금이고, 을유(乙酉)와 병자(丙子)는 수로, 하나의 금이 네 개의 수를 낳아 어미가 자식을 낳는 것이 넓다. 오히려 8월에 태어나 어미가 왕성하고 자식이 쇠한 것을 반기는데, 금이 왕성한 때를 만남에 살은 제 있을 곳을 얻지 못하면서 자신은 있을 곳을 얻었으니, 자식이 어미의 기운을 다하게 할 수 없기 때문에 귀한 것이다.

凡上生下, 名爲脫氣, 不吉. 如本命逢戊午火之類. 況是午月, 火得時秉令, 乃子旺母衰, 不貧則夭.

위에서 아래를 낳는 것을 탈기라고 하는데 길하지 않다. 이를테면 본래의 명조에서 무오(戊午)라는 화를 만나는 것들이다. 하물며 오월이면 화가 때를 얻어 명령권을 잡고 있어 그야말로 자식이 왕성해서 어미가 쇠약한 것이니, 가난하지 않으면 요절한다.

右十二宮神煞, 古人所重, 然必以主本旺相休囚, 五行制化生剋爲主, 參之以貴人祿馬等神煞, 輕重較量可也. 若專論神煞則惑矣.

이상에서 12궁의 신살은 옛사람들이 중요하게 여기던 것인데, 반드시 주로 왕상휴수와 오행의 생극제화를 근본으로 하는 것을 위주로 귀인과 록마 등의 신살을 참고하여 경중을 비교하며 헤아려야 한다. 신살만 논하면 잘못된다.

4) 전투·항복·형·충·파·합[戰鬪伏降刑冲破合]

凡鬼煞皆不剋身, 須論戰鬪伏降. 前已言之, 他弱我强, 方始爲福, 鬼强我弱便以凶論, 勢力停勻, 兩邊相制, 自然平步靑雲.

귀(鬼)와 살이 모두 자신을 극하지 못하면 반드시 전투로 항복받아야 한다. 앞에서 이미 말한 것으로 남이 약하고 내가 강하면 비로소 복이고, 귀(鬼)가 강하고 내가 약하면 곧 흉한 것으로 논했으니, 세력이 걸맞게 두루 미쳐 양쪽으로 서로 제재하면 저절로 청운을 평탄하게 밟게 되는 것이다.

古人論命, 專重神煞, 神煞無取, 方論納音. 戰鬪伏降, 納音也, 次第可知.

옛날의 사람들이 명을 논할 때에는 오로지 신살에만 무게를 두었었고, 신살에서 취할 것이 없게 되면 그때서야 납음을 논하였던 것이다. 전투에서 항복하는 것이 납음이니, 차례대로 알아야 하는 것이다.

(1) 전투로 복이 되는 격 [戰鬪爲福格]

五行不戰, 體常爲主, 遇戰鬪則迭爲賓主.

오행이 전쟁을 하지 않으면 몸이 항상 주인이 되고, 전투를 만나면 손님과 주인을 번갈아가며 한다.

辛 庚 癸 己
巳 寅 酉 巳
　　胎 子 甲

己巳大林木, 懼癸酉劍鋒金, 喜得庚寅旺木. [松柏木寅爲木之臨官] 己巳依附庚寅, 自立爲主, 癸酉勢孤, 不能敵也, 又得辛巳金爲之輔, 亦自立爲主. 己巳主弱, 而庚寅强, 癸酉金剛, 而辛巳弱, 强弱相等, 兩邊力停, 我剋者爲夫, 受剋者爲妻, 夫妻剛柔相濟, 故戰鬪之中, 反得福也.

기사(己巳) 대림목(大林木)은 계유(癸酉) 검봉금(劍鋒金)을 보는 것에 대해 두려워하고 경인(庚寅)의 왕성한 목을 얻는 것에 대해 반긴다. [송백목(松栢木)6) 인(寅)은 목의 임관이다.] 기사(己巳)가 경인(庚寅)에서 결단을 취함으로 자립하여 주인이 되니, 계유(癸酉)의 기세가 고립되어 적이 될 수 없고, 또 신사(辛巳) 금이 그 보좌가 됨을 얻어 또한 자립하여 주인이 된다. 기사(己巳)라는 주인이 약하지만 경인(庚寅)이 강하고, 계유(癸酉)라는 금이 강하지만 신사(辛巳)가 약하니,

---

6) 경신(庚申)이 송백목(松栢木)이고, 경인(庚寅)이 석류목(石榴木)이니, 아마 착오가 있었던 것으로 보인다.

강함과 약함이 서로 대등하여 양 변의 세력에 머무른다. 내가 극하고 있는 경우에는 남편이고 극을 받고 있는 경우에는 처이니, 남편과 처의 강유가 서로 구제하기 때문에 전투 중에 도리어 복을 얻은 것이다.

(2) 전투로 재앙이 되는 격 [戰鬪爲禍格]

```
壬  己  己  壬
申  巳  酉  午
   胎  子  庚
```

壬午楊柳木, 生於八月, 白帝司權, 金神得勝之時, 木極衰弱. 巳申酉皆金局, 壬申劍鋒金, 又得己酉土以滋其勢, 己巳又合起壬申爲禍傷身. 故三十八歲溺水而死.

임오(壬午) 양류목(楊柳木)이 8월에 태어나 흰 제왕이 권세를 잡아 금의 신이 승세를 얻었을 때이니, 목이 극도로 쇠약하다. 사신유(巳申酉)는 모두 금의 국이고, 임신(壬申) 검봉금(劍鋒金)이 또 기유(己酉) 토로 그 기세를 더하는데, 기사(己巳)가 또 합으로 임신(壬申)을 일으켜 자신에게 재앙이 된다. 그러므로 38세로 물에 빠져 죽었다.

(3) 항복으로 복이 되는 격 [伏降爲福格]

己 乙 甲 乙
卯 酉 申 巳
　　胎 亥 乙

乙巳覆燈火, 見乙酉敗水. [酉爲水之敗地] 生於甲申, 來剋乙巳之火, 火却不得其位而水反勝, 名爲鬼嘯, 却喜己卯土, 先破乙酉水, 復制甲申. 互換相制, 不能爲禍, 反以爲吉也.

을사(乙巳) 복등화는 을유(乙酉) 패수가 [유(酉)가 수의 패지임.] 갑신(甲申)에서 태어나는 것을 보게 되어, 을사(乙巳)의 화에게 와서 극해버림으로 화가 실로 그 자리를 얻지 못하고 수가 도리어 승리함으로 귀(鬼)가 울부짖는 것이라고 하니, 도리어 기묘(己卯) 토가 먼저 을유(乙酉) 수를 파하고 다시 갑신(甲申)을 제압하는 것을 반긴다. 서로 바꿔가며 서로 제압해서 재앙이 되지 않고 도리어 길함이 되었다.

辛 甲 丙 甲
未 申 寅 子
　　胎 巳 丁

甲子納音金, 丙寅火, 甲申水, 辛未土, 以下剋上, 刑於年命. 好在土制水, 水制火, 火制金, 而土獨居旺地, 丁巳胎亦爲土, 生助甲子之金, 皆反爲福, 必主簪纓累代, 福壽人也.

갑자(甲子)는 납음으로 금, 병인(丙寅)은 화, 갑신(甲申)은 수, 신미(辛未)는 토로 아래에서 위를 극해 연명을 형하니, 좋은 것은 토가 수를 제압하고 수가 화를 제압하며 화가 금을 제압함에 있는데, 토만이 왕지에 있다. 정사(丁巳) 태(胎)도 토로 갑자(甲子)의 금을 낳아주고 도와주어 모두 도리어 복이 됨으로 반드시 귀한 벼슬이 대대로 이어지니, 복이 있고 장수하는 사람이다.

(4) 항복으로 재앙이 되는 격 [伏降爲禍格]

己　辛　辛　辛
亥　卯　卯　未
　胎　午　壬

辛未納音土, 辛卯己亥壬午納音木, 鬼居强宮, 其勢莫當, 却喜辛未自居空亡, [辛卯在甲申旬, 午未空亡.] 故雖不能富貴, 亦無災禍. 未滿五十而死.

신미(辛未)는 납음으로 토, 신묘(辛卯)와 기해(己亥)임오(壬午)는 납음으로 목인데, 귀(鬼)가 강한 궁에 있어 그 기세를 감당할 수 없으니, 실로 신미(辛未)가 스스로 공망에 있기 [신묘(辛卯)가 갑신(甲申)의 열 단위에 있어 오미(午未)가 공망임.] 때문에 부귀할 수는 없을지라도 재앙이 없었다. 50십을 채우지 못하고 죽었다.

(5) 충과 파로 복이 되는 격 [沖破爲福格]

丁 癸 癸 戊
巳 巳 亥 午
　胎　寅　甲

癸巳納音水, 臨巳絕地, 以絕水歸於癸亥. 冬月水勝之時, 而剋戊午無氣之火, 況巳爲破祿, 亥爲破宅. 合主貧賤, 却得丁巳土, 就身剋退癸巳, 冲破癸亥, 乃子來救母, 一生富足人也.

계사(癸巳)는 납음의 수로 사(巳) 절지에 있는데, 절지의 수가 계해(癸亥)로 돌아간다. 겨울은 수가 우세한 때라 기운 없는 화 무오(戊午)를 극함에 때 마침 사(巳)가 파로 녹이고 해(亥)가 파로 집이다. 합으로는 명주가 빈천하나 정사(丁巳)의 토를 얻음에 자신을 따라 계사(癸巳)를 극해 물리치고, 계해(癸亥)를 충·파하니, 그야말로 자식이 와서 어미를 구제한 것으로 일생동안 풍족했던 사람이다.

癸 癸 乙 乙
亥 巳 酉 亥
　胎　子　丙

乙亥山頭火, 乙酉癸巳癸亥丙子, 皆納音水. 鬼煞重重剋身, 却喜癸亥, 癸巳交相冲破, 反禍爲福. 一生富而好禮, 名冠鄕閭.

을해(乙亥)는 산두화인데, 을유(乙酉)·계사(癸巳)·계해(癸亥)·병자(丙子)는 모두 납음으로 수이다. 귀살이 중첩되고 중첩되면서 자신을 극해 실로 계해(癸亥)를 반기니, 계사(癸巳)를 교대로 서로 충하고 파하니 재앙을 복으로 바꾼 것이다. 평생 부유했고 예를 좋아하여 고향에서 이름이 높았다.

(6) 충과 파로 재앙이 되는 격 [冲破爲禍格]

```
甲 癸 癸 戊
寅 巳 亥 午
 胎 寅 甲
```

如鬼剋我, 謂之傷殘, 吉神格無救助, 爲禍倂輕. 如此造月日時三水, 歸依癸亥, 而剋戊午之火, 破了祿宅命宅, 乃沟壑亡神, 翳桑劫煞. 二次投軍, 後作丐, 窮餓而死.

귀(鬼)가 나를 극함에 대해 해치는 것이라고 하는데, 길한 신의 격으로 구원하고 도움을 주는 것이 없으면, 재앙이 됨이 아울러 가벼운 것이다. 이와 같은 명조는 월일시의 세 수가 계해(癸亥)로 귀의하면서 무오(戊午)의 화를 극해서 녹택(祿宅)과 명택(命宅)을 파하니, 산골짜기의 물로 망신이고 예상(翳桑)7)이라는 겁살이다. 두 번씩이

---

7) 예상은 옛 지명인데, 먹을 것이 없어 굶어 죽는 것을 상징하는 말로 쓰인다. 춘추 시대 진(晉)나라 영첩(靈輒)이 이곳에서 굶주리고 있었는데, 조돈(趙盾)이 그곳을 지나가다가 보고는 먹을 것을 줌으로써 구제해 주었다. 그런데 그 뒤에 영첩이 진나라 영공(靈公)의 갑사(甲士)가 되었을 때, 위험에 처한 조돈을 보고 보은으로 구제해 줌으로써 조돈이 죽

나 군대 투신했고, 뒤에는 걸인이 되어 굶어 죽었다.

(7) 형을 제압해 복이 되는 격 [制刑爲福格]

丁 甲 甲 甲
卯 寅 戌 子
　胎　丑　乙

甲戌火剋甲子金, 甲戌又爲呑咽寡宿凶煞, 好在戌爲空亡, 鬼煞皆落空. 甲寅水, 剋退丁卯火, 不敢傷甲子之金, 乃主得其援, 反爲福也.

갑술(甲戌) 화가 갑자(甲子) 금을 극하고, 갑술(甲戌)이 또 과숙과 흉살을 삼키니, 술(戌)이 공망이 된 것이 좋은데, 귀(鬼)와 살이 모두 공망에 떨어졌다. 갑인(甲寅) 수가 정묘(丁卯) 화를 극해 물리쳐 감히 갑자(甲子)의 금을 상하게 하지 못하게 하니, 바로 명주가 후원을 얻어 도리어 복이 된 것이다.

乙 壬 癸 庚
巳 戌 未 寅
　胎　戌　甲

庚寅癸未納音木, 見甲戌火壬戌水同宮, 水火相爭, 喜得甲戌歸於乙巳, [同爲火] 不能刑於癸未, 壬戌勢孤刑而不入, 故主富貴 [庚寅在甲申旬, 未爲

─────────────

음을 모면하였다는 고사가 있다.

空亡, 刑而不入.]

경인(庚寅)과 계미(癸未)는 납음으로 목으로 갑술(甲戌) 화와 임술(壬戌) 수가 같은 궁인 것을 보고 수와 화가 서로 다툼에 갑술(甲戌)이 을사(乙巳)로 돌아가[똑같이 화이다.] 계미(癸未)를 형할 수 없는 것을 반기고, 임술(壬戌)의 세력이 외롭게 형이어서 들어가지 않기 때문에 부귀한 것이다. [경인(庚寅)이 갑신(甲申)의 열 단위에 있어 공망이 되지 않아 형인데도 들어가지 못하는 것임.]

(8) 형을 당겨 재앙이 되는 격 [惹刑爲禍格]

壬 癸 辛 辛
子 酉 丑 酉
　胎 辰 壬

辛酉納音木, 癸酉納音金, 同宮戰鬪, 刑於本身, 就家降鬼, [酉本爲金之旺地, 不受金剋. 故云就家降鬼] 爲鬼所制. 遭人殺害, 不得其死. 一造, 辛酉辛丑己酉乙丑, 得己丑之火以救其禍.

신유(辛酉)의 납음은 목이고 계유(癸酉)의 납음은 금으로 같은 궁에서 전투를 해서 자신의 몸에 형이 되면, 집으로 나아가 귀(鬼)를 항복시키면서 [유(酉)는 본래 금의 왕지여서 금의 극을 받지 않기 때문에 '집으로 나아가 귀를 항복시킨다.'라고 한 것임.] 귀(鬼)에게 제압을 당했으니 남에게 살해되어 제대로 죽지 못했다. 신유(辛酉) 신축(辛丑) 기유(己酉) 을축(乙丑)의 어떤 명조는 기축(己丑)의 화를 얻어 그 재앙에서 구제되었다.

(9) 육합으로 복이 되는 격 [六合爲福格]

六合有十種, 謂大六合小六合大三合小三合, 雙合單合內合外合順合反合也, 解已見前, 不贅.

육합은 열 종류로 대육합·소육합·대삼합·소삼합·쌍합·단합·내합·외합·순합·반합을 말하는데, 해석은 이미 앞에 있으니 군더더기를 덧붙이지 않겠다.

```
戊  癸  辛  甲
午  未  未  寅
    胎  戊  壬
```

戊癸午未, 干支雙合, 此爲小六合. 甲見未爲陰貴, 合起貴人, 得陰人之助, 致富

貴福壽.

무계(戊癸)와 오미(午未)는 천간과 지지로 쌍합이니, 이것이 작은 육합이다. 갑(甲)이 미(未)를 보면 음귀(陰貴)로 합을 해서 귀인을 일으키니, 음인(陰人)의 도움을 얻어 부귀와 복과 장수를 이룬다.

癸　壬　壬　戊
卯　申　戌　戌
　胎　丑　癸

宋眞德秀命. 戊戌木壬申癸卯皆合, 好在戊癸卯戌六合, 木歸旺地, 金不能勝, 而木反勝. 合中不喜咸池增損, 又且剋身咸池, 雖人聰明, 畢竟減福. 又壬申傷木, 柱無火救, 是爲合中減福.

송나라 진덕수의 명조이다. 무술(戊戌) 목이 임신(壬申)·계묘(癸卯)와 모두 합해 무계(戊癸)와 묘술(卯戌)의 육합이 목을 왕지로 돌아가게 하는 것이 좋으니, 금이 우세하게 될 수 없어 목이 도리어 우세해지는 것이다. 합 가운데 함지의 더함과 뺌은 반기지 않고, 또 자신을 극하는 함지는 사람이 총명할지라도 필경 복을 덜어낸다. 또 임신(壬申)은 목을 상하게 하니, 사주에 화의 구원이 없었으면 이것은 합중에서 복을 덜어내는 것이다.

(10) 육합으로 합이 재앙이 되는 격 [六合爲禍格]

辛　甲　丙　己
未　寅　寅　亥
　胎　巳　丁

合來神煞, 吉者爲吉, 凶者爲凶, 各專禍福, 爲力極巨. 此造甲與己合,寅與亥合, 合起亡神呑啖孤辰等凶殺. 故主枉死於獄, 平日喜訟之故也.

합으로 온 신살이 길한 것은 길하고 흉한 것은 흉하니, 각기 재앙과 복에 오로지 하여 위력이 아주 크기 때문이다. 이 명조는 갑(甲)과 기(己)가 합이고 인(寅)과 해(亥)가 합이니, 합으로 망신을 일으켜 고진 등의 흉살을 삼켰다. 그러므로 명주가 부질없이 옥에서 죽었으니 평소 송사를 즐겼기 때문이다.

丁 乙 丙 庚
亥 酉 戌 子
　胎 丑 丁

庚見酉陽刃, 子生人見酉咸池, 合起咸池陽刃, 平日不如人而好武, 好寵養歌舞酒色, 二十一歲坐獄死.

경(庚)이 유(酉) 양인을 보고, 자(子)에 태어난 사람이 유(酉) 함지를 만나 합으로 함지 양인을 일으키니, 평소 남들처럼 용맹함을 좋아하지 않고 가무와 주색에 빠져 21세에 송사를 하다가 죽었다.

(11) 생지와 왕지로 복이 되는 격 [生旺爲福格]

庚 壬 癸 甲
子 戌 酉 寅
　胎 子 庚

甲寅納音水, 歸到時上子爲帝旺之地, 胎逢甲子, 是在胎中, 卽生旺也. 好在庚子納音土, 生旺中得鬼制, 反爲福壽. 其父爲太平宰相, 可謂腹中卽藏貴煞也.

갑인(甲寅)이 납음으로 수여서 시주의 제왕지 자(子)에게 돌아가면 갑자(甲子)를 잉태하여 만난 것이니, 이것이 태중에서 바로 생왕하게 되는 것이다. 경자(庚子)가 납음으로 토이니, 생왕 중에 귀(鬼)의 제재를 만나 도리어 복을 받고 장수하게 된 것이다. 그 아비가 태평재상이 되었으니, 뱃속에서 곧 귀한 살을 가지고 있었다고 할 수 있다.

庚 壬 己 乙
子 辰 酉 酉
　胎　丑　乙

乙酉納音水, 逢子, 水自旺, 庚子納音土, 帶鬼剋身相制, 是生旺鬼制之福. 故主早年登第.

을유(乙酉)는 납음에서는 수인데 자(子)를 만남으로 수가 저절로 왕성해지고, 경자(庚子)는 납음에서는 토인데 귀(鬼)가 자신을 극하는 것을 두르고 서로 제재하고 있으니, 바로 생왕의 귀(鬼)가 제재하는 복이다. 그러므로 명주가 어린 나이임에도 등제하게 되었던 것이다.

(12) 생지와 왕지로 재앙이 되는 격 [生旺爲禍格]

甲 己 辛 丁
子 亥 亥 亥
　胎 寅 壬

丁亥納音土. 土生於申, 臨官在亥. 原命三亥, 生旺重逢, 己亥納音木, 土要同宮戰鬪. 辛亥甲子壬寅皆金, 剋己亥之木, 而丁亥土生旺無制, 非惟貧賤, 又且癆瘵, 十六歲死.

정해(丁亥)는 납음에서 토이다. 토는 신(申)에서 장생하고 임관이 해(亥)에 있다. 원래 명조에서 세 개의 해(亥)는 생왕이 중첩해서 만난 것인데, 기해(己亥)가 납음으로 목이니, 토가 같은 궁에서 전투를 하는 것이다. 신해(辛亥) · 갑자(甲子) · 임인(壬寅)의 모든 금이 기해(己亥)의 목을 극함으로 정해(丁亥)의 토가 생왕한데도 제재함이 없으니, 빈천할 뿐만 아니라 결핵에 걸려 16살에 죽었다.

辛 甲 辛 己
未 午 亥 未
　胎 寅 壬

己未納音火, 日時午未旺地, 胎逢寅宮長生, 重重生旺, 變福爲災, 得鬼剋制, 可以減禍, 無如四柱無水. 少年迪功郎出身, 未改宮而亡.

기미(己未)는 납음으로 화이고, 일과 시의 오(午)와 미(未)는 왕지인데, 태에서 인(寅)의 궁 장생지를 만남으로 거듭 생왕을 중첩해 복을 재앙으로 바꾸고 귀(鬼)의 극과 제재를 당하니, 재앙을 덜어낼 수 있으나 사주에 수가 없는 것만 못하다. 어린 나이에 공랑으로 나아가 헌신하였으나 궁을 개혁하지 못하고 망하였다.

(13) 사지와 절지로 복이 되는 격 [死絕爲福格]

死絕爲福者, 如金人[年命納音金], 見戊寅土, 爲絕處逢生, 見庚子土, 爲死中得母, 見庚午, 爲敗中有救, 皆反爲福, 主人沉機謹厚而享大福.

사지와 절지로 복이 되는 것은 이를테면 금의 사람이 [연명의 납음이 금이다] 무인(戊寅) 토를 보면 절처에서 생을 만난 것이고, 경자(庚子) 토를 보면 죽음에서 어미를 만난 것이며, 경오(庚午)를 보면 패한 가운데 구원을 받은 것으로 모두 도리어 복이 된 것이니, 주로 사람이 차분하고 근후해서 큰 복을 누린다.

(14) 사지와 절지로 재앙이 되는 격 [死絕爲禍格]

壬	戊	庚	己
午	午	午	亥
	胎	酉	辛

己亥納音木, 非惟木死於午, 而祿亦死於午, 賣盡田園, 死於道路.

기해(己亥)는 납음으로 목인데, 목이 오(午)에서 죽을 뿐만이 아니라 녹도 오(午)에서 죽으니, 농토를 모두 팔아 없애고 길에서 죽었다.

```
癸 癸 壬 戊
亥 亥 戌 午
  胎 丑 癸
```

戊午納音火, 非惟火絕於亥, 而且破命宅祿宅, 定是離鄉別祖人也.

무오(戊午)는 납음으로 화인데, 화가 해에 절지일 뿐만 아니라 또 명택과 녹택을 파괴하니 반드시 고향을 떠나서 선조들과 떨어져 살 사람이다.

干支戰鬪降伏, 刑冲破合, 乃神煞中之最要者, 特併錄之, 以見古法論命之一斑.

천간과 지지의 전투·항복·형·충·파·합은 바로 신살 중에서 가장 중요한 것이어서 특별히 아울러 기록해서 옛 법에서 운명을 논하는 하나를 드러냈다.

5) 유년과 월건[流年月建]

古法論命, 與子平法殊途, 今之言神煞者, 不過藉以參考, 推算流年月建之吉凶而已. 十二宮神煞, 皆從太歲起, [見上諸星起例]各宮神煞, 皆有一定, 茲列如下.

옛 법에서 운명을 논한 것은 자평의 법과 방법이 다르니, 이제 신살에 대해 말하는 것은 기초로 참고하여 유년의 월건에서 길흉을 추산에 불과할 뿐이다. 12궁의 신살은 모두 태세에서 나와 [위의 「여러 별을 일으킨 사례(諸星起例)」에 있음.] 각 궁의 신살에 모두 일정함이 있으니, 이에 다음처럼 나열한다.

(1) (갑) 12궁의 신살도 [(甲) 十二宮神煞圖]

月德 **巳** 破 小 死 的 劫 碎 耗 符 煞 煞	月空 **午** 囚 天 大 歲 闌 災 紅 獄 哭 耗 破 干 煞 艷	地 龍 紫 解 德 微 **未** 六 天 歲 天 暴 害 厄 煞 煞 敗	白衣　**申**　急 指 大 飛 白 天 劫 背 煞 兼 虎 雄 煞
三 金 台 興 **辰** 年 黃 華 飛 五 披 官 符 旛 蓋 符 鬼 頭 符	**子** **年**		福 天 福 天 星 德 德 喜 **酉** 絞 咸 披 卷 年 飛 流 煞 池 麻 舌 煞 刃 霞
紅 太 鸞 陰 **卯** 天 卒 勾 貫 三 羊 厄 暴 神 索 刑 刃			解 天 八 神 解 座 **戌** 浮 寡 天 弔 豹 血 沉 宿 狗 客 尾 刃
驛 馬 **寅** 地 喪 孤 喪 門 辰	太 歲 玉 陽 合 堂 **丑** 陰 天 晦 煞 空 氣	將 金 星 匱 **子** 劍 太 伏 擎 鋒 歲 尸 天	陌 越 **亥** 呑 病 亡 陷 符 神

월덕 巳	월공 午	지해 용덕 자미 未	백의 申 급
파 소 사 적 겁 쇄 모 부 살 살	수 천 대 세 난 재 홍 옥 곡 모 파 간 살 염	육 천 세 천 폭 해 액 살 살 패	지 대 비 백 천 겁 배 살 겸 호 웅 살
삼 금 태 여 辰 연 황 화 비 오 피 관 부 번 개 부 귀 두 부			복 천 복 천 성 덕 덕 희 酉 교 함 피 권 연 비 유 살 지 마 설 살 인 하
홍 태 란 음 卯 천 졸 구 관 삼 양 액 폭 신 색 형 인	子 年		해 천 팔 신 해 좌 戌 부 과 천 조 표 혈 침 숙 구 객 미 인
역마 寅	태 세 옥 양 합 당 丑	장 금 성 궤 子	맥월 亥
지 상 고 상 문 신	음 천 회 살 공 기	검 태 복 경 봉 세 시 천	탄 병 망 함 부 신

巳 三台 金輿	午 月德	未 地解	申 天喜 龍德 紫微 貴人 天
年符 指背 地煞 天哭 五鬼 官符 飛符	六害 小耗 死符 年煞 咸池	月煞 闌干 豹尾 破碎 大耗 歲破	官符 暴敗 天厄 亡神 紅艷
辰 太陰 卒暴 勾神 貫索 歲煞 天煞 羊刃			酉 金匱 解神 將星 天解 八座 血刃 浮沉 白虎 大煞 飛廉 天雄
卯 囚獄 地喪 喪門 災煞 披頭	丑 年		戌 扳鞍 福星 天德 三刑 絞煞 卷舌 寡宿
寅 太陽 紅鸞 晦氣 天空 吞陷 劫煞 孤辰	丑 伏尸 黃旛 華蓋 太歲 破碎 的煞 劍鋒	子 玉堂 歲合 陌越 病符 孤虛	亥 天馬 弔客 天狗

삼 금 태 여 **巳** 연 지 지 천 오 관 비 부 배 살 곡 귀 부 부	월 덕 **午** 육 소 사 연 함 해 모 부 살 지	지 해 **未** 월 난 표 파 대 세 살 간 미 쇄 모 파	천 용 자 귀 희 덕 미 인 천 **申** 관 폭 천 망 홍 부 패 액 신 염
태 음 **辰** 졸 구 관 세 천 양 폭 신 색 살 살 인			금 해 장 천 팔 궤 신 성 해 좌 **酉** 혈 부 백 대 비 천 인 침 호 살 렴 웅
卯 수 지 상 재 피 옥 상 문 살 두	**丑** **年**		반 복 천 안 성 덕 **戌** 삼 교 권 과 형 살 설 숙
태 홍 양 란 **寅** 회 천 탄 겁 고 기 공 함 살 신	**丑** 복 황 화 태 파 적 검 시 번 개 세 쇄 살 봉	옥 세 맥 당 합 월 **子** 병 고 부 허	천 마 **亥** 조 천 객 구

巳	午	未	申
太陰 六害 亡神 貫索 孤辰 勾神 三刑	將星 金匱 三台 年符 飛符 官符 五鬼	扳鞍 天喜 月德 小耗 死符 黃旛	地解 天解 天馬 八座 浮沉 血刃 破碎 闌干 歲破 大耗
辰 月煞 豹尾 天哭 地喪 喪門	寅年		酉 紫微 龍德 天厄 暴敗 破碎 的煞
卯 太陽 年煞 咸池 天空			戌 白虎 大煞 飛廉 華蓋 天雄
寅 地煞 披頭 太歲 劍鋒 伏尸	丑 紅鸞 陌越 天煞 寡宿 病符 吞陷	子 災煞 弔客 天狗	亥 福星 天德 歲合 絞煞 卷舌 劫煞

태음 **巳** 육 망 관 고 구 삼 해 신 색 신 신 형	장 금 삼 성 궤 태 **午** 연 비 관 오 부 부 부 귀	반 천 월 안 희 덕 **未** 소 사 황 모 부 번	지 해 천 천 팔 해 신 해 마 좌 **申** 부 혈 파 난 세 대 침 인 쇄 간 파 모
辰 월 표 천 지 상 살 미 곡 상 문			자 용 미 덕 **酉** 천 폭 파 적 액 패 쇄 살
태양 **卯** 연 함 천 살 지 공	**寅 年**		**戌** 백 대 비 화 천 호 살 렴 개 웅
寅 지 피 태 검 복 살 두 세 봉 시	홍 맥 란 월 **丑** 천 과 병 탄 살 숙 부 함	**子** 재 조 천 살 객 구	복 천 세 성 덕 합 **亥** 교 권 겁 살 설 살

巳 驛馬 飛廉 大煞 破碎 地喪 喪門 的煞 孤辰	午 天喜 太陰 勾神 貫索 天厄	未 解神 三台 天解 飛符 華蓋 血刃 浮沉 年符 官符 五鬼	申 地解 月德 劫煞 小耗 死符
辰 扳鞍 太陽 六害 晦氣 天空 陰煞	卯年		酉 災煞 闌干 歲破 大耗 歲煞
卯 將星 金匱 伏尸 劍鋒 太歲 天哭 大煞			戌 歲合 紫微 龍德 黃旛 天厄 暴敗
寅 天官符 病符 亡神	丑 八座 天狗 披頭 豹尾 弔客 月煞 羊刃 寡宿	子 福星 紅鸞 天德 年煞 卷舌 三刑 咸池 絞煞	亥 地煞 白虎 天雄

역 마 **巳** 비 대 파 지 상 적 고 렴 살 쇄 상 문 살 신	천 태 희 음 **午** 구 관 천 신 색 액	해 삼 천 신 태 해 **未** 비 화 혈 부 연 관 오 부 개 인 침 부 부 귀	지 월 해 덕 **申** 겁 소 사 살 모 부
반 태 안 양 **辰** 육 회 천 음 해 기 공 살 장 금 성 궤 **卯** 복 검 태 천 대 시 봉 세 곡 살	**卯 年**		**酉** 재 난 세 대 세 살 간 파 모 살 세 자 용 합 미 덕 **戌** 황 천 폭 번 액 패
천 **寅** 관 병 망 부 부 신	팔 좌 **丑** 천 피 표 조 월 양 과 구 두 미 객 살 인 숙	복 홍 천 성 란 덕 **子** 연 권 삼 함 교 살 설 형 지 살	**亥** 지 백 천 살 호 웅

天 太 喜 陽 **巳** 孤 流 天 劫 晦 辰 霞 空 煞 氣	解 天 八 神 解 座 **午** 喪 浮 羊 血 飛 地 大 門 沉 刃 刃 廉 喪 煞	太 陰 **未** 囚 歲 勾 貫 天 卒 獄 煞 神 索 煞 暴	三 台 **申** 指 五 地 官 飛 披 年 背 鬼 煞 符 符 麻 符
辰 三 伏 劍 黃 太 華 吞 刑 尸 鋒 旛 歲 蓋 陷			月 歲 地 德 台 解 **酉** 小 死 年 咸 耗 符 煞 池
陌 越 **卯** 病 六 符 害	**辰 年**		月 空 **戌** 大 闌 豹 歲 月 耗 干 尾 破 煞
驛 馬 **寅** 天 天 弔 狗 哭 客	福 天 福 德 德 星 **丑** 絞 寡 陰 卷 的 破 煞 宿 煞 舌 煞 碎	將 金 星 匱 **子** 披 白 飛 天 頭 虎 刃 雄	紅 龍 紫 鸞 德 微 **亥** 天 官 亡 天 暴 符 神 厄 敗

천희 태양 **巳** 고신 유하 천공 겁살 회기	해신 천해 팔좌 **午** 상문 부침 양인 혈렴 비상 지상 대살	태음 **未** 수옥 세살 구신 관색 천살 졸폭	삼태 **申** 지배 오귀 지살 관부 비부 피마 연부
辰 삼형 복시 검봉 황번 태세 화개 탄함			월덕 세태 지해 **酉** 소모 사부 연살 함지
맥 월 **卯** 병부 육해	**辰年**		월 공 **戌** 대모 난간 표미 세파 월살
역 마 **寅** 천구 천곡 조객	복덕 천덕 복성 **丑** 교살 과숙 음살 권설 적살 파쇄	장성 금궤 **子** 피두 백호 비인 천웅	홍란 용덕 자미 **亥** 천 관부 망신 천액 폭패

解 天 神 解 **巳** 指 浮 血 太 劍 伏 背 沉 刃 歲 鋒 尸	太 陽 **午** 流 晦 天 咸 年 霞 氣 空 池 煞	未 羊 地 喪 豹 飛 大 月 刃 喪 門 尾 廉 煞 煞	貴 太 歲 人 陰 合 天 **申** 官 勾 貫 亡 卒 三 孤 符 神 索 神 暴 刑 辰
天 陌 喜 越 **辰** 紅 天 病 歲 寡 囚 艷 煞 符 煞 宿 獄	**巳 年**		金 三 將 地 匱 台 星 解 **酉** 破 五 陰 官 的 飛 年 破 鬼 煞 符 煞 符 符
八 座 急 **卯** 腳 吞 天 天 弔 煞 陷 煞 狗 客			扳 月 紅 鞍 德 鸞 **戌** 小 死 耗 符
福 天 福 星 德 德 **寅** 劫 天 六 卷 絞 煞 哭 害 舌 煞	**丑** 羊 黃 霞 天 白 天 飛 刃 旛 蓋 哭 虎 雄 廉	龍 紫 獄 德 微 堂 **子** 暴 天 敗 厄	月 驛 空 馬 **亥** 大 闌 歲 披 耗 干 破 頭

해 천 신 해 **巳** 지 부 혈 태 검 복 배 침 인 세 봉 시	태 양 **午** 유 회 천 함 연 하 기 공 지 살	**未** 양 지 상 표 비 대 월 인 상 문 미 렴 살 살	귀 태 세 인 음 합 천 **申** 관 구 관 망 졸 삼 고 부 신 색 신 폭 형 신
천 맥 희 월 **辰** 홍 천 병 세 과 수 염 살 부 살 숙 옥			금 삼 장 지 궤 태 성 해 **酉** 파 오 음 관 적 비 연 파 귀 살 부 살 부 부
팔 좌 급 **卯** 각 탄 천 천 조 살 함 살 구 객	**巳 年**		반 월 홍 안 덕 란 **戌** 소 　 사 모 　 부
복 천 복 성 덕 덕 **寅** 겁 천 육 권 교 살 곡 해 설 살	**丑** 양 황 하 천 백 천 비 인 번 개 곡 호 웅 렴	용 자 옥 덕 미 당 **子** 폭 　 천 패 　 액	월 역 공 마 **亥** 대 난 세 피 모 간 파 두

巳	午	未	申
陌越 急 **巳** 天 病脚的破官亡 符煞煞碎符神	將星 金匱 **午** 三伏太劍 刑尸歲鋒	扳鞍 歲合 太陽 **未** 晦月天黃 氣煞空幡	驛馬 **申** 地喪孤 喪門辰
辰 八座 天解 解神 天豹弔月浮寡血 狗尾客煞沉宿刃	**午年**		**酉** 紅鸞 太陰
卯 天喜 福星 天德 福德 披卷年咸絞 麻舌煞池煞			**戌** 三台 地解 披年華官飛五 頭符蓋符符鬼
寅 天大飛白地指 雄煞廉虎煞背	**丑** 龍德 紫微 ·提 兒吞天歲六天暴 煞陷煞煞害厄敗	**子** 月空 大鸞天歲災破 耗干哭破煞碎	**亥** 月德 小死劫 耗符煞

맥월 급 巳 천 병각적파관망 부살살쇄부신	장성 금궤 午 삼복태검 형시세봉	반세태 안합양 未 회월천황 기살공번	역마 申 지상고 상문신
팔천해 좌해신 辰 천표조월부과혈 구미객살침숙인			홍 태 란 음 酉
천복천복 희성덕덕 卯 피권연함교 마설살지살	午 年		삼 지 태 해 戌 피연화관비오 두부개부부귀
寅 천대비백지지 웅살렴호살배	용 자 덕 미 ·제 丑 아탄천세육천폭 살함살살해액패	월 공 子 대난천세재파 모간곡파살쇄	월 덕 亥 소 사 겁 모 부 살

141

巳 驛馬 八座 弔客 天狗	午 歲合 玉堂 陌越 病符 孤虛	未 伏尸 劍鋒 太歲 華蓋	申 太陽 紅鸞 天空 劫煞 孤辰
辰 扳鞍 天德 福星 福德 寡宿 披麻 卷舌 絞煞 飛刃	未年		酉 囚獄 地煞 喪門 災煞 披頭 地喪
卯 將星 解神 天解 金匱 血刃 浮沉 白虎 大煞 飛廉 天雄			戌 地解 太陰 黃旛 貫索 勾神 羊刃
寅 天喜 龍德 紫微 天吞陷 暴敗 天雄 亡神 官符	丑 月空 歲破 大耗 豹尾 破碎 飛煞 闌干	子 月德 死符 年煞 咸池 小耗 六害	亥 三台 指背 五鬼 天哭 官符 地煞 年符 飛符

142

巳 역마 팔좌 / 조객 천구	午 세합 옥당 맥월 / 병부 고허	未 복시 검봉 태세 화개	申 태양 홍란 / 천공 겁살 고신
辰 반안 천덕 복성 복덕 / 과숙 피마 권설 교살 비인			酉 수옥 지살 상문 재살 피두 지상
卯 장성 해신 천해 금궤 / 혈인 부침 백호 대살 비렴 천웅	未年		戌 지해 태음 / 황번 관색 구신 양인
寅 천희 용덕 자미 천 / 탄함 폭패 천웅 망신 관부	丑 월공 / 세파 대모 표미 파쇄 적비 난간살	子 월덕 / 사부 연살 함지 소모 육해	亥 삼태 / 지배 오귀 천곡 관부 지살 연부 비부

巳	午	未	申
福福歲貴天 星德合人德 **巳** 絞披卷劫 煞麻舌煞	八 座 **午** 災囚弔天 煞獄客狗	紅陌 鸞越 **未** 寡天歲病 宿煞煞符	**申** 伏指扳太地劍 尸背頭歲煞鋒
辰 天黃華白大飛 雄旛蓋虎煞廉	\	\	太 陽 **酉** 天晦咸破的 空氣池碎煞
玉龍紫 堂德微 **卯** 天暴天 厄敗煞	**申年**		豹 　　　　　尾 **戌** 吞天地喪月豹 陷哭喪門煞尾
解天月驛 神解空馬 **寅** 血浮大闌歲破三 刃沉耗干破碎刑	扳天月 鞍喜德 **丑** 小陰死 耗煞符	金三將 匱台星 **子** 官飛年五 符符符鬼	地　太 解　陰 天 **亥** 官官孤卒亡六勾飛 符符辰暴神害神廉

복복세귀천 성덕합인덕 **巳** 교피권겁 살마설살	팔 좌 **午** 재수조천 살옥객구	홍 맥 란 월 **未** 과천세병 숙살살부	복지반태지검 시배두세살봉 **申**
辰 천황화백대비 웅번개호살렴	**申** **年**		태 양 **酉** 천회함파적 공기지쇄살
옥용자 당덕미 **卯** 천폭천 액패살			**戌** 탄천지상월표 함곡상문살미
해천월역 신해공마 **寅** 혈부대란세파삼 인침모간파쇄형	반천월 안희덕 **丑** 소음사 모살부	금삼장 궤태성 **子** 관비연오 부부부귀	지 태 해 음 천 **亥** 관관고졸망육구비 부부신폭신해신렴

巳 天福福紅 德星德鸞 **巳** 天破的白地飛 雄碎煞虎煞廉	午 天福福紅 德星德鸞 **午** 披卷絞咸 痳舌煞池	未 八 座 **未** 天寡豹弔月披 狗宿尾客煞頭	申 陌 越 **申** 天 亡病官 神符符
辰 紫龍歲 微德合 **辰** 暴天歲天 敗煞煞厄			酉 金將 匱星 **酉** 三伏天太劍 刑尸哭歲鋒
卯 月 空 **卯** 囚闌災歲破大 獄干煞破碎耗	酉 年		戌 扳太 鞍陽 **戌** 六晦天吞陰 解氣空陷煞
寅 月 德 **寅** 小死劫 耗符煞	丑 三解天 台神解 **丑** 血飛年華五官黃浮 刃刃符蓋鬼符殯沉	子 太天 陰喜 **子** 天卒勾貫 厄暴神索	亥 驛地 馬解 **亥** 地喪飛大孤 喪門廉煞辰

146

천복복홍 덕성덕란 **巳** 천파적백지비 웅쇄살호살렴	천복복홍 덕성덕란 **午** 피권교함 마설살지	팔 좌 **未** 천과표조월피 구숙미객살두	맥월 **申** 천 망 병 관 신 부 부
자용세 미덕합 **辰** 폭천세천 패살살액	**酉** **年**		금 장 궤 성 **酉** 삼복천태검 형시곡세봉
月 空 **卯** 수란재세파대 옥간살파쇄모			반 태 안 양 **戌** 육회천탄음 해기공함살
월 덕 **寅** 소 사 겁 모 부 살	삼 해 천 태 신 해 **丑** 혈비연화오관황부 인인부개귀부번침	태 천 음 희 **子** 천졸구관 액폭신색	역 지 마 해 **亥** 지상비대고 상문렴살신

巳 紫微 龍德 紅鸞 / 天 暴敗 天厄 亡神 官符	午 金匱 將星 地解 披頭 白虎 天雄 大煞	未 福星 天德 卷舌 寡宿 絞煞 三刑 黃幡	申 天馬 天哭 弔客 天狗
辰 月空 大耗 破碎 歲破 月煞 豹尾 闌干	戌 年		酉 陌越 六害 病符
卯 歲合 月德 小耗 死符 年煞 咸池			戌 華蓋 太歲 劍鋒 伏尸
寅 三台 指背 飛符 官符 地煞 五鬼 年符 吞陷	丑 太陰 勾神 卒暴 破碎 貫索 年煞 的煞	子 解神 八座 天解 血刃 浮沉 喪門 地喪 飛廉 大煞	亥 天喜 太陽 劫煞 天空 孤辰

자 용 홍 미 덕 란 **巳** 천 폭 천 망 관 패 액 신 부	금 장 지 궤 성 해 **午** 피 백 천 대 두 호 웅 살	복 천 성 덕 **未** 권 과 교 삼 황 설 숙 살 형 번	천 마 **申** 천 조 천 곡 객 구
월 공 **辰** 대 파 세 월 표 난 모 쇄 파 살 미 간			맥 월 **酉** 육 병 해 부
세 월 합 덕 **卯** 소 사 연 함 모 부 살 지	**戌 年**		**戌** 화 태 검 복 개 세 봉 시
삼 태 **寅** 지 비 관 지 오 연 탄 배 부 부 살 귀 부 함	태 음 **丑** 구 졸 파 관 연 적 신 폭 쇄 색 살 살	해 팔 천 신 좌 해 **子** 혈 부 상 지 비 대 인 침 문 상 렴 살	천 태 희 양 **亥** 겁 천 고 살 공 신

巳 月空 驛馬 闌披歲大干頭破耗	午 地解 龍德 紫微 暴敗 天厄 遊弈	未 大煞 白虎 天哭 天雄 華蓋	申 福星 天德 卷舌 披痲 劫煞 絞煞 六害
辰 扳鞍 月德 紅鸞 小耗 死符 陰煞	亥年		酉 八座 破碎 災煞 天狗 弔客 囚獄 的煞
卯 將星 三台 金匱 五鬼 官符 年符 飛符			戌 天喜 陌越 寡宿 天煞 病符 歲煞 黃旛
寅 太陰 歲合 天官符 孤辰 亡神 勾神 貫索 卒暴	丑 地喪 喪門 大煞 飛廉 豹尾	子 太陽 擎天 晦氣 天空 年煞 咸池	亥 解神 天解 伏尸 血刃 地煞 劍鋒 太歲 三刑 浮沉 指背

월 역 공 마 **巳** 난 피 세 대 간 두 파 모	지 용 자 해 덕 미 **午** 폭 천 유 패 액 혁	未 대 백 천 천 화 살 호 곡 웅 개	복 천 성 덕 **申** 권 피 겁 교 육 설 마 살 살 해
반 월 홍 안 덕 란 **辰** 소 사 음 모 부 살	亥年		팔 좌 **酉** 파 재 천 조 수 적 쇄 살 구 객 옥 살
장 삼 금 성 태 궤 **卯** 오 관 연 비 귀 부 부 부			천 맥 희 월 **戌** 과 천 병 세 황 숙 살 부 살 번
태 세 음 합 천 **寅** 관 고 망 구 관 졸 부 신 신 신 색 폭	丑 지 상 대 비 표 상 문 살 렴 미	태 양 **子** 경 회 천 연 함 천 기 공 살 지	해 천 신 해 **亥** 복 혈 지 검 태 삼 부 지 시 인 살 봉 세 형 침 배

(2) 가전신살가 [駕前神煞歌]

歲駕劍鋒似尸寄, 二爲天空仍可畏. 喪門地雌孝服來, 四爲貫索鉤神慮.
세가검봉사시기, 이위천공잉가외. 상문지자효복래, 사위관색구신려.

官符五鬼及飛符, 死符小耗月德具. 歲破大耗闌干併, 八爲暴敗天厄至.
관부오귀급비부, 사부소모월덕구. 세파대모난간병, 팔위폭패천액지.

九是白虎卽天雄, 天德絞殺卷古忌. 十一弔客與天狗, 二十病符驀越位.
구시백호즉천웅, 천덕교살권설기. 십일조개여천구, 이십병부맥월위.

右歌訣, 錄自張果星宗, 限於字數, 各宮神煞, 不能全列, 擧一二以槪其餘. 駕者, 歲駕, 卽太歲也. 子年從子宮起太歲, 同宮有劍鋒伏屍, 丑爲太陽天空, 寅爲喪門地雌地猾, 卯爲貫索勾神太陰. 挨次排列, [査閱地支諸星起例] 一歲一宮, 逐年順轉. 丑年從丑宮起太歲, 寅爲太陽天空, 卯爲喪門地雌. 各書歌訣, 詳略不同, 星平會海歌訣云.

위의 노래는 『장과성종』에서 기록했는데, 글자의 수를 제한해서 각궁의 신살을 온전하게 열거할 수 없어 한둘을 들어 그 나머지를 개괄한 것이다. 가(駕)는 세가(歲駕)로 곧 태세(太歲)이다. 자(子)년에는 자(子)의 궁에서 태세를 일으키니, 같은 궁에 검봉(劍鋒)과 복시(伏屍)가 있고, 축(丑)은 태양(太陽)과 천공(天空)이며, 인(寅)은 상문

(喪門)과 지자(地雌)와 지위(地猬)이고, 묘(卯)는 관색(貫索)과 구(勾
神)과 태음(太陰)이다. 차례로 배열해 [지지에서 여러 별을 일으킨 사례를
열람할 것] 한 해가 한 궁으로 해를 따라 순서대로 돌린다. 축(丑)년에
는 축(丑)궁에서 태세를 일으키니, 인(寅)이 태양(太陽)과 천공(天空)
이고, 묘(卯)가 상문(喪門)과 지자(地雌)이다. 책마다 노래로 하는 결
은 자세하기도 하고 간략하기도 하여 같지 않은데, 『성평회해』에서
의 노래로 하는 결은 다음과 같다.

太歲劍鋒伏屍同, 二日太陽倂天空. 三是喪門主孝服, 四爲勾絞貫索凶.
태세검봉복시동, 이왈태양병천공. 삼시상문주효복, 사위구교관색흉.

五龍官符倂五鬼, 六爲死符小耗攻. 七是欄干倂大耗, 八爲暴敗天厄同.
오용관부병오귀, 육위사부소모공. 칠시난간병태모, 팔위폭패천액동.

九是飛廉白虎位, 十爲福星卷舌匆. 十一天狗弔客患, 十二病符切莫逢.
구시비렴백호위, 십위복성권설총. 십일천구조객환, 십이병부절맥봉.

(3) 가후신살가 [駕後神煞歌]

子年紅鸞卯爲首, 天喜狗宮在於酉. 血刃浮沉及解神, 戌上分明牢掣肘.
자년홍란묘위수, 천희구궁재어유. 혈인부침급해신, 술상분명뢰체주.

天哭還從午上尋, 披頭更向辰宮究. 流年諸煞與諸凶, 逆認地支輪宮守.
천곡환종오상심, 피두갱향진궁구. 유년제살여제흉, 역인지지륜궁수.

駕後者, 歲駕之後也. 子年紅鸞在卯, 天喜在酉, 血刃浮沉解神在戌. 天哭在午, 披頭在辰. 一歲一宮, 逐年逆行, 丑年紅鸞在寅, 天喜在寅對宮申位, 血刃浮沉解神在酉, 天哭在巳, 披頭在卯, 可以類推. 星平會海分爲兩歌訣.

가후(駕後)는 세가(歲駕)의 뒤이다. 자(子)년에는 홍란(紅鸞)이 묘(卯)에 있고, 천희(天喜)가 유(酉)에 있으며, 혈인(血刃)과 부침(浮沉)과 해신(解神)이 술(戌)에 있고, 천곡(天哭)이 오(午)에 있고, 피두(披頭)가 진(辰)에 있다. 한 해에 한 궁으로 해를 따라 거꾸로 가면, 축(丑)년에는 홍란(紅鸞)이 인(寅)에 있고, 천희(天喜)가 인(寅)과 마주한 신(申)에 있으며, 혈인(血刃)과 부침(浮沉)과 해신(解神)이 유(酉)에 있고, 천곡(天哭)이 사(巳)에 있으며, 피두(披頭)가 묘(卯)에 있으니, 종류대로 추산할 수 있다. 『성평회해』에는 두 노래의 결로 나누어져 있다.

(4) 길신을 일으킨 사례 [吉神起例]

卯起紅鸞逆數通, 欲知天喜是相冲. 更有解神亦逆數, 戌中到酉是其宗.
묘기홍란역수통, 욕지천희시상충. 갱유해신역역수, 술중도유시기종.

若求天德順從酉, 月德亦依巳順逢, 若人命限逢斯到, 喜中加喜病無凶.
약구천덕순종유, 월덕역의사순봉, 약인명한봉사도, 희중가희병무흉.

(5) 흉살을 일으킨 사례 [凶煞起例]

血刃浮沉戌上遊, 披頭五鬼在辰求. 天哭逆數起於午, 流年太歲遇便休.
혈인부침술상유, 피두오귀재진구. 천곡역수기어오, 유년태세우편휴.

龍德紫微, 子年起於未, 丑年在申, 一年一位順行. 天德福星, 子年起於酉, 丑年在戌, 一年一位順行.

용덕(龍德)과 자미(紫微)는 자(子)년에 미(未)에서 일으켜서 축(丑)년에는 신(申)에 있으니, 한 해에 한 자리씩 순서대로 가는 것이다. 천덕(天德)과 복성(福星)은 자(子)년에 유(酉)에서 일으켜서 축(丑)년에는 술(戌)에 있으니, 한 해에 한 자리씩 순서대로 가는 것이다.

(6) 양인을 일으킨 사례 [陽刃起例]

生旺休囚十二宮, 星家從納音取. 以納音配五行, 不論十干, 祿前一位
爲刃, 亦無問題. 自十曜化爲十干, 陽刃陰刃, 乃成疑問. 上兩起例表, 錄
自七政四餘. 陽干取祿前一位爲刃, 陰干取祿後一位爲刃, 如甲木祿在寅,
以卯爲刃, 乙木祿在卯, 以寅爲刃. 而張果星宗星平會海兩書, 陰干亦照祿
前一位之例, 乙木以辰爲刃, 可見陰刃之說, 自昔傳誤, 各守師承, 不知其
意義之矛盾也.

생왕휴수(生旺休囚)의 열두 궁은 점성가들이 납음에서 취한 것이다. 납음을 오행에 배열함에 10간을 논하지 않고 녹(祿) 앞의 어떤 자리가 인(刃)인 것은 또한 문제가 없다. 그러나 십요(十曜)에서 십간으로 바꿔 양인과 음인으로 한 것은 그야말로 의문이 생긴다. 위에서 두 번 일으켜 나열한 사례표는 칠정사여에서 기록한 것이다. 양간은 녹(祿) 앞의 자리를 취해 인(刃)으로 하고, 음간은 녹(祿) 뒤의 자리를 취해 인(刃)으로 하니, 이를테면 갑(甲)목은 녹(祿)이 인(寅)에 있어 묘(卯)가 인(刃)이고, 을(乙)목은 녹(祿)이 묘(卯)에 있어 인(寅)이 인(刃)이다. 그런데 『장과성종』과 『성평회해』 두 책에서는 음간도 녹(祿) 앞의 어떤 자리의 사례를 따라 을(乙)목도 진(辰)을 인(刃)으로 하였으니, 음간의 양인에 대한 설명은 옛날부터 잘못 전해졌는데도 각기 스승의 전하는 것을 지키면서 그 의미가 모순됨을 몰랐던 것임을 알 수 있다.

生年	甲	丙戊	庚	壬
양인은 낮을 꺼림 (陽刃忌晝)	묘가 양인궁이고, 유가 비인임 (卯爲刃宮, 酉爲飛刃)	오가 양인궁이고, 자가 비인임 (午爲刃宮, 子爲飛刃)	유가 양인궁이고, 묘가 비인임 (酉爲刃宮 卯爲飛刃.)	자가 양인궁이고, 오가 비인임 (子爲刃宮 午爲飛刃)
生年	乙	丁己	辛	癸
음인은 밤을 꺼림 (陰刃忌夜)	진이 양인궁이고, 술이 비인임 (辰爲刃宮, 戌爲飛刃.)	미가 양인궁이고, 축이 비인임 (未爲刃宮, 丑爲飛刃.)	술이 양인궁이고, 진이 비인임 (戌爲刃宮, 辰爲飛刃.)	축이 양인궁이고, 미가 비인임 (丑爲刃宮, 未爲飛刃.)

右表錄自張果星宗, 與上起例表不符. 陽刃陰刃飛刃, 均爲神煞中之極 重要者, 特錄之以供參考.

위의 표는 『장과성종』에서 기록했으니, 위에서 일으킨 사례의 표 와는 부합하지 않는다. 양인과 음인과 비인은 모두 신살 가운데에서 아주 중요한 것이기 때문에 특별히 기록해서 참고하게 한 것이다.

(7) 마전신살표 [馬前神煞表]

神煞 生年	역마 驛馬	육액 六厄	화개 花蓋	겁살 劫殺	재살 災殺	천살 天殺	지살 地殺	연살 年殺	월살 月殺	망신 亡神	장성 將星	반안 扳鞍
신자진년 申子辰年	寅	卯	辰	巳	午	未	申	酉	戌	亥	子	丑
인오술년 寅午戌年	申	酉	戌	亥	子	丑	寅	卯	辰	巳	午	未

사유축년 巳酉丑年	亥	子	丑	寅	卯	辰	巳	午	未	申	酉	戌
해묘미년 亥卯未年	巳	午	未	申	酉	戌	亥	子	丑	寅	卯	辰

(8) 천을귀인을 일으킨 사례 [天乙貴人起例]

甲戊庚牛羊, 乙己鼠猴鄕. 丙丁雞豬位, 壬癸兔蛇藏, 六辛逢馬虎, 此是貴人方.

갑무경(甲戊庚)은 소와 양이고, 을기(乙己)는 쥐와 원숭이의 고향이며, 병정(丙丁)은 닭과 돼지이고, 임계(壬癸)는 토끼와 뱀이 숨어 있는 곳이며, 여섯 신(辛)은 말과 호랑이를 만나는 것이니, 이것이 바로 귀인의 방향이다.

甲戊庚見未爲陽貴, 卽天乙貴人, 見丑爲陰貴, 卽玉堂貴人, [見上天干諸星起例.] 下例推.

갑무경(甲戊庚)이 미(未)를 보면 양귀 곧 천을귀인이고, 축(丑)을 보면 음귀 곧 옥당귀인이니, [위에서 천간의 여러 별을 일으킨 사례에 있음.] 아래로 규칙에 따라 추산하라.

(9) 천월덕을 일으킨 사례 [天月德起例]

正丁二坤中, 三壬四辛同. 五乾六甲上, 七癸八艮逢. 九丙十居乙,
子巽丑庚中.

정정이곤중, 삼인사신동, 오건육갑상, 칠계팔간봉, 구병십거을, 자선축경중.

寅午戌月德在丙, 申子辰月德在壬, 亥卯未月德在甲, 巳酉丑月德在庚.
인오술(寅午戌)은 월덕(月德)이 병(丙)에 있고, 신자진(申子辰)은 월덕이 임(壬)에 있으며, 해묘미(亥卯未)는 월덕이 갑(甲)에 있고, 사유축(巳酉丑)은 월덕이 경(庚)에 있다.

天月德有兩說, 五星宗壺中子之說, 謂天德爲陽之德, 從亥上起正月, [亥爲乾卦前一辰.] 二月子, 三月丑, 順行. 月德爲陰之德, 從未上起正月, [未爲坤卦後一辰.] 二月申, 三月酉, 亦順行. 見上起例表, 此天月德與上述不同. 三命通會云, 大德者, 周天三百六十五度二十五分半, 分配十二宮, 各三十度. 餘五度二十五分半, 配十二宮, 謂之神歲煞沒. 竊謂未確, 蓋以節氣合十二月宮度, 倂無餘分也. 月德爲三合所照之方, 天德亦從三合起, 乾坤震巽者, 三合所照之方, 如二月卯, 取坤未, 五月午, 取戌乾, 八月酉取艮丑, 十一月子取巽辰也. 因爲通俗所習用, 故錄之以供參考.

천월덕에는 두 가지 설이 있으니, 오성(五星)의 조종 호중자(壺中子)의 설은 천덕은 양의 덕을 말하니, 해(亥)에서 정월을 일으키는 것으로 [해(亥)가 건(乾)괘 앞의 한 자리임.] 2월이 자(子), 3월이 축(丑)으로 순서대로 가는 것이다. 월덕은 음의 덕이니, 미(未)에서 정월을 일으키는 것으로 [미(未)가 곤(坤)괘 뒤의 한 자리임] 2월이 신(申), 3월이 유(酉)로 순서대로 가는 것이다. 위에서 일으킨 사례를 보면 여기에서 천월덕은 위에서 기술한 것과 같지 않다. 『삼명통회』에서 "큰 덕은 365도 25분의 반을 주천해서 12궁에 배치하면 각기 30도이다. 나머지 5도 25분의 반을 12궁에 배치하는 것을 신세살몰(神歲煞沒)이라고 한다."라고 하였다. 곰곰이 생각해보면 확신할 수는 없으나 대개 절기가 12개월의 궁도에 합치하니, 아울러 여분이 없다는 것이다. 월덕은 삼합이 비치는 방향이고, 천덕도 삼합에 따라 일으키니, 건(乾)·곤(坤)·진(震)·손(巽)은 삼합이 비치는 방향으로 이를테면 2월의 묘(卯)는 곤(坤)의 미(未)를 취한 것이고, 5월의 오(午)는 술(戌)의 건(乾)을 취한 것이며, 8월의 유(酉)는 간(艮)의 축(丑)을 취한 것이고, 11월의 자(子)는 손(巽)의 진(辰)을 취한 것이다. 이로 말미암아 통속적으로 익숙하게 사용하기 때문에 기록해서 참고하도록 제공하는 것이다.

(10) 명궁을 추산하는 법 [推命宮法]

神煞以命宮爲重, 推命宮法, 從子位起正月, 逆數至所生月止, 爲太陽宮. 譬如酉年未月午時生人, 從子宮起, 逆數至六月在未宮, 未卽太陽宮也, 再以午時加於未宮, 順數至卯在辰宮, 是安命在辰也. 命宮所値神煞, 名坐命星, 對宮爲弔照星. [女命同] 易云, 吉凶晦吝生乎動, 不動則吉不爲吉,凶不爲凶. 神煞無單獨見吉凶者, 値會合刑冲, 神煞相併, 乃有吉凶可論.

　신살은 명궁(命宮)을 중요하게 여기니, 명궁을 추산하는 법은 자(子)의 자리에서 정월을 일으키고, 거꾸로 헤아려 태어난 달에 이르러 태양궁으로 하는 것이다. 비유하자면 유(酉)년 미(未)월 오(午)시에 태어난 사람은 자(子)의 궁에서 일으켜 거꾸로 헤아려 미(未)궁에 있는 유월에 오니, 미(未)가 곧 태양궁이고, 다시 오(午)시를 가지고 미(未)궁에 더하여 순서대로 헤아려 진(辰)궁에 있는 묘(卯)에 오면, 이것은 안명(安命)이 진(辰)에 있는 것이다. 명궁(命宮)은 만나는 신살로 앉아 있는 명성(命星)을 부르는 것인데, 마주보는 궁은 조조성(弔照星)이다. [여자의 명조에서도 같음.] 『주역』에서 "길(吉)·흉(凶)·회(晦)·린(吝)은 움직임에서 나온다."라고 하였으니, 움직이지 않으면 길함은 길함이 아니고 흉함은 흉함이 아니다. 신살은 단독으로 길흉을 드러내는 경우가 없으니, 회(會)·합(合)·형(刑)·충(冲)을 만나고 신살이 서로 아우러져야 길흉을 말할 수 있는 것이다.

　男女起例相同, 而略有區別. 男以太陽紫微爲最吉. 女以太陰爲最吉, 紫微次吉. 天月二德, 男女俱吉. [此爲諸星起例之天月德, 非月歲天月德.] 喪門歲破, 男女皆凶, 天狗次凶, 五鬼白虎, 又次之. 男女逢之, 男勝於女. 玄符更次, 太歲則吉中有凶, 凶中有吉, 隨命造之吉凶而增强之.

　남과 여는 일으킨 사례는 서로 같지만 간략하게 구별이 있다. 남자는 태양(太陽)과 자미(紫微)를 최고로 길한 것으로 여기고, 여자는 태음(太陰)을 가장 길한 것으로 자미(紫微)를 다음의 길한 것으로 여긴다. 천월의 두 덕은 남녀가 모두 길하다. [이것은 「제성기례의 천월덕이지 월세천월덕이 아님.] 상문(喪門)과 세파(歲破)는 남녀 모두 흉하고, 천구(天狗)는 다음으로 흉하고 오귀(五鬼)와 백호(白虎)는 또 그 다음이다. 남녀가 만나면 남자가 여자보다 우세하다. 현부(玄符)는 다시 다음이고, 태세(太歲)는 길한 가운데 흉함이 있고, 흉한 가운데 길함이 있는 것으로 명조의 길흉에 따라 더하여 강해진다.

(11) 소한을 추산하는 법 [推小限法]

推流年, 必先求小限. 小限者, 以生年加於命宮之上, 逆數至本年太歲所臨之位, 卽是小限宮. 如上例, 酉年未月生人, 安命辰, 今於丁丑年推其小限, 以酉加於辰位, 逆數至丑, 在子位, 卽以子爲小限宮.

유년(流年)을 추산함에 먼저 소한(小限)을 구해야 한다. 소한(小限)은 태어난 해를 명궁의 위에 가해 거꾸로 헤아려 본년의 태세가 있는 자리에 이르는 것이니, 곡 이것이 소한궁이다. 이를테면 위의 예에서 유(酉)년 미(未)월에 태어난 사람은 안명(安命)이 진(辰)으로 지금 정축(丁丑)년에서 그 소한을 추산하면, 유(酉)에 진(辰)의 자리를 더해 거꾸로 헤아려 자(子)의 자리에 있는 축(丑)에 오니, 자(子)가 소한궁이다.

小限者, 對限度而言. 星家之限度, 早者自十一歲起, 遲至二十歲起限, 卽子平法之大運也. 小限者, 流年之限度也.

소한은 한도에 대해 말한 것이다. 점성가의 한도는 이르게는 11세부터 일으키고 늦게는 20세에 한(限)을 일으키니, 곧 자평법에서의 대운이다. 소한이란 유년의 한도이다.

看小限, 譬如今年丁丑, 從丑宮起太歲, 順數至小限子宮, 爲玄符[卽病符], 應知玄符値年. [看十二宮神煞圖丑年子宮] 小限與太歲在六合上, 更看是年命宮神煞. 分別論之, 小限主一年之吉凶, 若在逆運中, 而小限又値凶煞, 與太歲命宮見會合刑冲, 則是年必凶. [小限合歲運命宮, 合起吉神則吉, 合起凶煞則凶, 刑冲同論.]

소한을 볼 때, 비유하면 지금의 해 정축(丁丑)에서는 축(丑)궁에서 태세를 일으켜 순서대로 헤아려 소한의 자(子)궁에 오면 현부(玄符)[곧 병부(病符)]이니, 현부가 만나는 해를 알아야 한다. [12궁 신살도의 축년 자궁을 볼 것.] 소한과 태세는 육합의 위에 있으니 다시 연명궁의 신살을 보라. 분별해서 말하면 소한은 한 해의 길흉을 주로 하는 것이니, 역운(逆運) 중에서 소한이 또 흉살을 만나 태세명의 명궁과 회(會)·합(合)·형(刑)·충(冲)하는 것을 보면 이런 해에는 반드시 흉하다. [소한이 세운의 명궁과 합해 합으로 길신을 일으키면 길하고, 합으로 흉살을 일으키면 흉하니, 형충과 동일하게 논함.]

(12) 월건을 추산하는 법 [推月建法]

　張果星宗云, 小限宮中起生月, 如上例. 酉年生人, 丁丑年小限在子, 卽從子宮起六月而逆數之, 七月亥八月戌九月酉, 十月申十一月未, 十二月午, 正月巳, 二月辰, 三月卯, 四月寅, 五月丑, 値吉則吉, 値凶則凶. 月與小限命宮三合弔照, 則知吉凶見於何月份也.

　『장과성종』에서 "소한은 궁 가운데에서 태어난 월을 일으키는 것이다."라고 하였으니, 이를테면 위의 예에서 유(酉)년에 태어난 사람은 정축(丁丑)년에 소한이 자(子)에 있으니, 자(子)궁에서 유월을 일으켜 거꾸로 추산하면, 7월의 해(亥) 8월의 술(戌) 9월의 유(酉), 10월의 신(申) 11월의 미(未) 12월의 오(午), 정월의 사(巳) 2월의 진(辰) 3월의 묘(卯), 4월의 인(寅) 5월의 축(丑)으로 길함을 만나면 길한 것이고 흉함을 만나면 흉한 것이다. 그러니 월이 소한의 명궁과 삼합으로 매달려 비추면 길흉이 어느 달에 드러나는지 알 수 있는 것이다.

　星平大成云, 起月建, 從小限起本命生月, 逆轉, 亦有貪便於小限起正月者, 倂存之. 云從小限起正月者, 如上例. 小限在子, 卽從子宮起正月, 亥二月, 挨次逆推也. 習俗相沿, 有此二說, 相傳已久, 非自今始. 然試驗之, 則以小限起正月爲準, 姑且於此, 以待後之學者.

　『성평대성』에서 "월건을 세우는 것은 소한에서 본명의 태어난 월을 일으켜 거꾸로 굴리는 것으로 또한 소한에서 정월을 일으키는 것에 편하게 하는 것이 있으니, 아울러 보존한다."라고 하였다. 말하자면 소한에서 정월을 일으키는 것은 위의 예와 같다. 소한이 자에 있으면 곧 자(子) 궁에서 정월을 일으키니, 해(亥)는 이월로 순서에 따라 거꾸로 추산하는 것이다. 습속대로 서로 이어져 이 두 가지 설이 있었던 것으로 서로 전해진 것이 이미 오래되었고, 지금에 시작된 것이 아니다. 그러나 시험해보면, 소한으로 정월을 일으키는 것에 대해 기준으로 하는 것은 잠시 이 정도에서 후대의 학자를 기다려야 할 것이다.

(13) 월건도 [月建圖]

天天天天月地地天 恩解醫喜財財解財 申子丑 未亥戌 **四月** 天天地小大官五朱 瘟賊賊耗耗符鬼雀 寅未戌 亥酉	天地天天天月地地 恩解解醫喜財財財 亥 寅 申丑子 **三月** 天地天大官五小朱 瘟賊賊耗符鬼耗雀 午申子 戌卯 亥	地月天天天地天 解財解醫喜恩財 子亥 卯 寅 **二月** 地天天小官五大朱 賊賊瘟耗符鬼耗雀 午辰 子 亥申 丑	地天月天地天天 解財恩財喜醫財 丑 午 巳 辰 **正月** 地大天官天小五朱 賊寅瘟符賊耗鬼雀 午寅辰子戌 丑卯
天天天月地天地 恩醫喜財解解財財 申 子 巳 酉 申 **五月** 地天小大官天五朱 賊賊耗耗符瘟鬼雀 亥寅酉戌 申 辰 未	其法以月限定之. 假如子生人, 立命巳宮, 行酉年, 小限在申, 卽申起正月, 其年正七月地財照, 八月五鬼官符在命, 主破耗. 餘仿此. 右圖錄自星平大成, 爲推月建之捷法. 所註支辰乃各月份命宮所值主要神煞也. 如八月五鬼官符在命, 查丑年圖, 五鬼官符在巳命宮. 餘仿此例.		天地天天月地天 恩解解醫喜財財財 巳丑午 巳 寅 **十二月** 地天小天大官五朱 賊賊耗耗符瘟鬼雀 申午寅卯 丑巳
天地天天天月地天 恩解解喜醫財財財 亥 申 亥亥辰未財 **六月** 天地小天大官五朱 瘟賊耗賊耗符鬼雀 戌子申 酉 未寅巳			天天天天月地天 恩解解醫喜財財財 亥卯戌 午 酉申 **十一月** 天地天小大官五朱 瘟賊耗賊耗符鬼雀 巳 申卯辰寅子未
天地天天天月地天 恩醫喜解財財財 亥未 戌 午 巳辰 **七月** 地天天小大官五朱 財賊瘟耗耗符鬼雀 子辰 未 申 午 卯	天天地月天地天 醫喜恩財解財財 酉 申午亥 卯 寅 **八月** 天地天小大官五朱 瘟賊賊耗耗符鬼雀 卯子亥午 未 巳戌 丑	天地天月天地天 恩亥醫喜財財賊財 巳 申戌寅 子 **九月** 天地小天大官五朱 瘟賊耗賊耗符鬼雀 丑卯巳 午 辰未亥	天地天天月地天 恩解解醫喜財財財 寅辰子 未 亥未 **十月** 天地小大官天五朱 賊賊耗耗符瘟鬼雀 丑 辰 巳卯 亥 酉

四月 천천천천월지지천 은해의희재재해재 신 자 축 미 해 술	三月 천지천천천월지천 은해해의희재재재 해 인 신축자	二月 지월천천지천천 해재해의희재은재 자 해 묘 인	正月 지천월천지천천천 해해재은재희의재 축 오 사 진
천천지소대관오주 온적적모모부귀작 인 미 술 해 유	천지천대관오소주 온적적모부귀모작 오신 자 술묘 해	지천천소관오대주 적적온모부귀모작 오진 자 해신 축	지대천관천소오주 적모온부적모귀작 오인진자술 축 묘
五月 천천천월지천지 은의희재해재재 신 자 사 유 신	그 법은 월의 한도로 정함. 가령 자(子)년에 태어난 사람은 사(巳)궁에서 명을 세워 유(酉)까지 운행하면 소한이 신(申)에 있으니, 곧 신(申)에서 정월을 일으키면 그 해가 바로 7월로 지재(地財)가 비쳐 8월에 오귀(五鬼)와 관부(官符)가 명에 있는데 주로 파모(破耗)임. 나머지는 이와 같음. 앞의 그림은 『성평대성』에서 기록했으니, 월건을 추산하는 빠른 법임. 주석한 지지의 자리는 바로 각기 월의 명궁이 만나는 주요 신살임. 이를테면 8월에 오귀(五鬼)와 관부(官符)가 명에 있으니, 축(丑)년의 그림을 살펴보면, 오귀(五鬼)와 관부(官符)가 사(巳)의 명궁에 있음. 나머지는 이 예를 따름.		十二月 천지천천월지천 은해해의희재재재 사축오 사 인
지천소대관천오주 적적모모부온귀작 해인유술신 진 미			천지소천대관오주 온적모적모부귀작 신오인 묘 축 사
六月 천지천천월지천 은해해희의재재재 해 신 해해진오미			十一月 천지해해월지천 은해의희재재재 해묘술 오 사유신
천지소천대관오주 온적모적모부귀작 술자신 유 미인사			천지천소대관오주 온적모적모부귀작 사 신묘진인자미
七月 천지천천천월지천 은해의희재재재재 해미 술 오 사진	八月 천천천지월천지천 의희은해재해재재 유 신오해 묘 인	九月 天地天天月天地天 恩亥醫喜財解賊財 巳 申戌寅子	十月 천지천천월지천 은해해의희재재재 인진자 미 해미
지천천소대오주 재적온모모부귀작 자진 미 신 오 묘	천지천소대관오주 온적적모모부귀작 묘자해오미사술축	천지소천대관오주 온적모적모부귀작 축묘사 오 진미해	천지소대관천오주 적적모모부온귀작 축 진 사묘 해 유

167

(14) (을) 길흉 신살의 풀이 [(乙)吉凶神煞釋義]

천록 天祿	與官祿宮併詳, 仕人遇之食俸祿, 庶人遇之享財福. 관록궁과 아울러 상서로우니, 벼슬하는 사람이 만나면 봉록을 먹고, 벼슬 없는 사람이 만나면 재복을 누림.
천복 天福	與福德財帛遷移宮同詳, 遇之者主享福壽. 복덕·재백·천이궁과 아울러 상서로우니, 이것을 만날 경우에 주로 복과 장수를 누림.
천음 天蔭	與妻妾宮同詳, 上承父蔭, 下蔭妻子. 처첩궁과 동일하게 상서로우니, 위로 부모의 음덕을 이어받고 아래로 처자에게 음덕을 줌.
천형 天刑	與奴僕同推, 得地爲恩, 掌刑名之權, 爲難相犯, 徒流刺配. 노복궁과 동일하게 추산하니, 땅을 얻어 은혜롭고 형명의 권세를 담당하는데, 대립하며 서로 범해 형벌을 받거나 자형을 받음.
천수 天囚	與疾厄宮同推, 在命宮男主休囚, 與貫索欄干相併有牢獄災. 질액궁과 동일하게 추산하니, 명궁에 있으면 남자는 주로 운을 잃고, 관색 난간과 서로 나란히 옥에 갇히는 재앙이 있음.
천암 天暗	與相貌宮同推, 忌與日月宮併, 主傷目損父母餘不忌. 상모궁과 동일하게 추산하니 일월궁과 나란한 것을 꺼리고, 주로 사람들의 눈살을 찌푸리게 하고 부모를 헐뜯는 나머지 꺼릴 것이 없음.
천모 天耗	與兄弟宮同推, 忌臨田財, 別宮無害. 형제궁과 동일하게 추산하니, 전답과 재산 지키는 데는 꺼리고 다른 궁에는 해로움이 없음.
천귀 天貴	與男女宮併詳, 一名天嗣, 利見大人, 併生貴子. 남녀궁과 아울러 상서로워 천사라고도 부르는데, 대인을 만나는 것이 이롭고 아울러 귀한 자식을 낳음.
천인 天印	與田宅宮同推, 得地則有權印. 전택궁과 동일하게 추산하니, 땅을 얻으면 권세의 도장이 있음.

천권 天權	與命宮倂詳, 主有威權, 掌生殺. 명궁과 아울러 상서롭고, 주로 권위가 있어 생살을 담당함.
자미용덕 紫微龍德	此星人命限, 能壓凶神, 化凶爲吉. 이 별의 사람의 명조는 절박하면 흉악한 신을 누르고 흉함을 길함으로 변화시킬 수 있다.
문창 文昌	主聰明, 少年顯達, 有文昌坐命而不識字, 但識字易耳. 주로 총명하여 소년에 현달하고, 문창이 명조에 앉아 있으면서 글을 모를 경우에 글을 깨우치기 쉬움.
삼태팔좌 三台八座	主科甲, 聲价高重. 과거를 주로하고, 명성이 높음.
세합 歲合	合吉星爲吉, 合凶星則凶. 길성과 합하면 길하고, 흉성과 합하면 흉함.
天乙玉堂 福星 천을옥당 복성	主福祿生舊家, 近貴人. 복록을 주로하고 유서 있는 집안에서 태어나 귀인에 가까움.
장성 將星	主威權, 尤利於武, 喜驛馬扳鞍. 권위를 주로하여 무인에 더욱 이롭고 역마와 반안을 반김.
천해지해 天解地解	到命限, 解凶化吉. 운명이 절박하게 되면, 흉함을 풀어 길함으로 바꿈.
월공월해 月空月解	化凶爲吉. 흉함을 길함으로 바꿈.
천월덕 天月德	坐命宮, 主一生吉利. 명궁에 앉아 있으면, 주로 평생 길하고 이로움.
천주 天廚	名食神祿, 主食天祿, 弱則喜割烹. 식신의 녹으로 부르고 주로 천록을 먹는데, 약하면 요리사가 됨.
천희희신 天喜喜神	命限値之, 主有喜事. 운명이 절박할 때 만나면, 주로 반가운 일이 있음.
홍란 紅鸞	有喜見喜, 無喜見災. 기쁨이 있으면 기쁨을 보고, 기쁨이 없으면 재앙을 당함.

태양태음 太陽太陰	能壓凶星. 흉성을 누를 수 있음.	
태세 太歲	若到命限, 主有不測災來. 운명이 절박하면, 주로 예측할 수 없는 재앙이 옴.	
적살재살 的煞災煞	官非喪孝破財, 命宮值此, 祖業飄零. 관이 잘못되고 효도를 잃으며 파산하는데, 명궁에서 이것을 만나면 조상의 유업이 흩어짐.	
천공공망 天空空亡	命限逢空凶, 凶煞逢空吉. 운명이 절박할 때 공연한 흉함을 만나고, 흉살에 공연한 길함을 만남.	
백호 白虎	官事病災破財. 관청과 관계된 일로 병들고 재앙을 당해 재산을 잃음.	
비렴대살 飛廉大殺	主招橫事惡死. 주로 재난과 나쁜 죽음을 부름.	
천구 天狗	流年命限, 主刀斧血光, 或刑剋. 유년에서 운명이 절박할 때에 주로 무기를 휘둘러 피를 뿌리고 혹 형극을 당함.	
대모소모 大耗小耗	財物耗散. 재물이 다해 흩어짐.	
구교관색 勾絞貫索	官患訟事, 他事牽連. 관의 우환으로 송사하고, 다른 일로 끌려 다님.	
세파파쇄 歲破破碎	主謀事不成, 兼有破耗. 주로 꾀하던 일이 이루어지지 않고 겸하여 소비가 있음.	
역마반안 驛馬扳鞍	二星同到命限, 主少年騰達. 두 별이 함께 명이 절박할 때 이르면, 주로 소년에 신분상승을 함.	
천지살 天地殺	官非喪孝, 橫招口舌是非. 관이 잘못되고 효도를 잃으며 함부로 구설의 시비를 부름.	
망신겁살 亡神劫殺	主招盜賊失脫. 주로 도적으로 정상을 벗어나는 것을 부름.	

권설 卷舌	官非橫事口舌, 有子不育. 관이 잘못되고 일을 함부로 하며 구설이 있고, 자식이 있어도 교육시키지 않음.
부침 浮沉	此星人命限, 主水厄, 忌行船. 이 별의 사람은 운명이 절박하면 주로 수액을 당하니 배타는 것을 꺼림.
졸폭 卒暴	人命限, 主人凶惡, 主災, 吉多無害. 사람의 운명이 절박하면 주로 사람이 흉악해져서 주로 재앙을 당하는데, 길함이 많고 해로움이 없음.
오귀관부 비부 五鬼官符 飛符	官災橫事. 忌日時同到. 관의 재앙이 있으면 일을 난폭하게 함. 일시에 동시에 오는 것을 꺼림.
피마피두 披麻披頭	喪事飛孝, 家事不寧. 상사에 효를 떨어뜨리고 가사가 편안하지 않음.
황번표미 黃幡豹尾	病患破財. 병환으로 재산을 날림.
반음복음 反吟伏吟	卽太歲歲破, 皆主悲泣. 곧 태세와 세파로 모두 슬프게 우는 것을 주로 함.
연월살 年月殺	非災橫事. 재앙을 당하지 않으면 일을 함부로 함.
천곡조객 天哭弔客	主孝服, 家宅不寧. 주로 복상으로 가택이 편안하지 않음.
복시 伏屍	主膿血落胎. 주로 피고름과 낙태임.
검봉 劍鋒	身命値之, 更加年限値之, 主惡死. 자신의 명조에서 만났는데 다시 더해져 한정된 연에서 만나면 주로 나쁘게 죽음.

난간 闌干	主傷殘自縊, 忌到命限. 주로 자해고 스스로 목을 매니, 운명이 절박할 때 오는 것을 꺼림.	
병사부폭 패천액 病死符暴 敗天厄	爭訟災病, 不測事來. 송사가 재앙과 병이고, 언제 일이 올지 예측하지 못함.	
상문지상 喪門地喪	主孝服破財. 주로 상복을 입는 것으로 재산을 날림.	
탄함 吞陷	妨礙六親. 육친을 방해함.	
파쇄 破碎	主官事破財. 주로 관의 일로 재산을 날림.	
삼형육해 三刑六害	主刑剋. 형극을 주로 함.	
혈지혈기 산성혈인 血支血忌 産星血刃	男主血光, 女主産厄. 남자는 주로 피를 뿌리고, 여자는 주로 출산의 불행이 있음.	

4. 부록[附編]

1) 자평의 법과 신살[子平法與神煞]

　古人論命, 以年爲主, 子平法以日爲主. 神煞皆起於年[太歲], 於子平法似乎根本不相容[詳正編]. 然細按之, 古法論年, 實兼論月日時之干支, 子平法論日, 亦兼論年月時之干支, 融會貫通, 非不可能. 特整理而闡述之, 古今未有其人耳.

　옛사람들은 운명을 논함에 연을 위주로 했고, 자평의 법에서는 일을 위주로 했다. 신살은 모두 연[태세]에서 일으켰는데, 자평의 법에서는 근본적으로 서로 받아들이지 않는 듯하다. [본편에서 자세히 설명했음.] 그런데 자세히 살펴보면, 옛 법에서 연을 논함에 실로 월일시의 간지를 겸하여 논하였고, 자평의 법에서 일을 논함에도 연월시의 간지를 겸하여 논하였으니, 녹여서 하나로 관통함에 불가능한 것이 아니다. 특별히 정리해서 분명하게 기술함에는 옛날과 지금에 그 사람이 있는 것은 아니다.

神煞者何. 五行衰旺生剋, 會合刑冲之符號也. 神煞衰旺, 皆從納音言之. 論子平者, 以陰陽五行爲主, 納音自不適用. [宮商角緻羽五音, 與金木水火土五行, 另有一種連帶關系, 不在本篇範圍內, 今從略.] 特古之論神煞者, 皆兼取納音, 爲便於閱看古籍起見, 亦不可不知也. 納音專重年命. [『李虛中命書』干祿支命納音, 身爲三命.] 除納音外, 生剋會合刑冲, 子平法皆可融會參用也.

신살은 무엇인가? 오행이 쇠왕하고 생극하면서 회합형충하는 부호이다. 신살의 쇠왕은 모두 납음으로 말하였는데, 자평을 논할 경우에 음양오행으로 위주로 해서 납음을 적용하지 않았다. [궁상각치우의 다섯 음은 금목수화토의 오행과 별도로 일종의 연대관계가 있는 것은 본 책의 범위에 있지 않으니, 이제 생략함.] 다만 옛날에 신살을 논할 경우에 모두 납음을 겸하여 취한 것은 고적(古籍)에서 열람해서 보도록 편리하게 해놨으니 또한 알지 않아서는 안된다. 납음에서는 오로지 연명을 중시한다. [『이허중의 명서』에서 간록·지명·납음이 자신에게 삼명임.] 납음 이외에 생극·회합·형충은 자평법에서 모두 녹여서 하나로 만듦으로써 참고해서 사용할 수 있는 것이다.

神煞之名, 多如牛毛, 然歸納之, 不外(一)以干加干. (二)以干加支支加干, (三)以支加支三種. 以干加干, 卽財官印食等十神是也. 干加支, 卽生旺休囚十二宮是也[納音]. 支加干, 如天月德之類是也. 以支加支, 卽駕前駕後神煞, 及驛馬前後神煞是也. 若論其用, 不外乎生剋制化會合刑冲,茲爲應用簡捷, 便於記憶起見, 列表如下.

신살의 이름은 셀 수 없을 정도로 많지만 귀납해보면, 첫째 천간을 천간에 더하고, 둘째 천간을 지지에 더하고 지지를 천간에 가하며, 셋째 지지를 지지에 더한 것을 벗어나지 않는다. 천간을 천간에 더한 것으로는 곧 재·관·인·식 등의 십신이 여기에 해당한다. 천간을 지지에 더한 것으로는 곧 12궁에 생·왕·휴·수하는 것이 여기에 해당한다. [납음임.] 지지를 천간에 더한 것으로는 천월덕과 같은 것이 여기에 해당한다. 지지를 지지에 더한 것으로는 곧 가전가후(駕前駕後)의 신살과 역마(驛馬) 전후의 신살이 여기에 해당한다. 그 사용을 논한다면, 생극제화와 회합형충을 벗어나지 않으니, 이것이 응용의 가장 간결한 첩경으로 기억에 편하도록 다음처럼 표를 나열한다.

(1) 납음오음 [納音五音]

金	甲子		乙丑	묘墓	甲午		乙未	火	戊子		己丑		戊午		己未	
	壬寅		癸卯		壬申	녹祿	癸酉		丙寅	장생長生	丁卯		丙申		丁酉	
	庚辰		辛巳	장생長生	庚戌	괴강魁罡	辛亥		甲辰	괴강魁罡	乙巳	임관臨官	甲戌	묘墓	乙亥	
木	壬子		癸丑	괴강魁罡	壬午		癸未	묘墓	水	丙子		丁丑		丙午		丁未	괴강魁罡
	庚寅	임관臨官	辛卯		庚申		辛酉			甲寅		乙卯		甲申	장생長生	乙酉	
	戊辰		己巳		戊戌		己亥	장생長生		壬辰	묘墓	癸巳		壬戌		癸亥	임관臨官

土	庚子		辛丑		庚午		辛未			
	戊寅		己卯		戊申		己酉			
	丙辰	묘墓	丁巳		丙戌		丁亥			

(2) 12궁에서 신살을 일으킴 [從十二宮起神煞]

	연명(年命)	갑납음목 甲納音木	병납음화 丙納音火	무납음토 戊納音土	경납음금 庚納音金	임납음수 壬納音水
	장생 長生	亥	寅	寅 申	巳	申
	패 목욕 敗 沐浴	子	卯	酉	午	酉
	녹 임관 祿 臨官	寅	巳	巳 亥	申	亥
인 刃	제왕 또 당부·대궁·비인이라함 帝旺. 又名唐符對宮飛刃	卯 乙祿	午 丁祿	午 巳祿	酉 辛祿	子 癸祿
	묘 墓	未	戌	辰 戌	丑	辰

(3) 납음에서 신살 [從納音起神煞]

	납음(納音)	화 명 火 命	수 명 水 命	토 명 土 命	목 명 木 命	금 명 金 命
학당 學堂	납음으로 장생 納 音 長 生	丙寅	甲申		己亥	辛巳
사관 詞官	납음으로 임관 納 音 臨 官	乙巳	癸亥		庚寅	壬申
정인 正印	납음으로 묘고, 또 본가의 도장이라함 納 音 墓 庫 又 名 本 家 印	甲戌	壬辰	丙辰	癸未	乙丑
백호살 白虎殺	납음으로 태의 자리 納 音 胎 位	子	午		酉	卯

2) 오행의 임관에서 신살을 일으킴[從五行臨官起神煞]

(1) 천을귀인 [天乙貴人]

陽貴爲天乙, 陰貴爲玉堂, 見上諸星起例. 此另一起法, 陰陽貴以寅申爲 起點, 以丑未爲家宅. 陽貴以祿加於寅, 數至丑, 陰貴以祿加於申, 數至未, 卽是貴人. 逢辰戌, 貴人不居, 則進一位, 詳三命通會. 玆列式如下.

양의 귀인이 천을이고 음의 귀인은 옥당으로 위의 「여러 별에서 일으킨 사례」에 있다. 여기에서 별도로 일으킨 법에서 음양의 귀인은 인(寅)과 신(申)을 기점으로 하였고 축(丑)과 미(未)를 가택으로 하였다. 양의 귀인은 녹이 인(寅)에 더해진 것으로 축(丑)까지 헤아리는 것이고, 음의 귀인은 녹이 신(申)에 더해진 것으로 미(未)까지 헤아린 것 곧 귀인이다. 진(辰)과 술(戌)을 만나면 귀인이 거하지 않아 한 자리 더 나아가니, 『삼명통회』에 자세히 있다. 이에 다음처럼 식을 나열한다.

간(干)	甲	乙	丙	丁	戊	己	庚	辛	壬	癸	무는 간인에 의탁 기는 곤미에 의탁 戊寄艮寅 己寄坤未
양귀陽貴	丑	子	亥	酉	丑	申	未	午	巳	卯	
음귀陰貴	丑	子	亥	酉	丑	申	未	午	巳	卯	

(2) 문창 [文昌]

食神臨官位也，丙丁與戊己同位．故丙丁以財之臨官位爲文昌．

식신이 임관하는 자리로 병(丙)·정(丁)과 무(戊)·기(己)는 같은 자리이다. 그러므로 병(丙)·정(丁)은 재가 임관하는 자리를 문창으로 한다.

간(干)	甲	乙	丙	丁	戊	己	庚	辛	壬	癸
	巳	午	申	酉	申	酉	亥	子	寅	卯

五合六合，三合會局，六害三刑六冲，同起例不贊．

오합·육합·삼합·회국·육해·삼형·육충은 동일하게 사례를 일으키니 사족을 달지 않겠다.

(3) 삼합의 회국에서 신살을 일으킴 [從三合會局起神煞]

연명(年命)		인오술 寅午戌	신자진 申子辰	해묘미 亥卯未	사유축 巳酉丑	
역 마 驛 馬		申 庚	寅 甲	巳 丙	亥 壬	천간은 말이고 지지는 역임. 干爲馬, 支爲驛.
겁 살 劫 煞	대살 大煞	亥	巳	申	寅	
망 신 亡 神	관부 官符	巳	亥	寅	申	
장 성 將 星		午	子	卯	酉	
재 살 災 煞	백호살 白虎煞	子	午	酉	卯	장성과 마주하여 충. 將星對沖.
함 지 咸 池		卯	酉	子	午	또 패지라고 하는데, 책에서 임관이 겁재를 만나면 도화살이라 함. 又名敗地, 書云, 臨官遇劫, 名桃花煞.
육 액 六 厄		酉	卯	午	子	함지와 마주하여 충. 咸池對沖.
화 개 花 蓋		戌	辰	未	丑	

咸池兼取納音, 如甲戌, 丙寅, 戊午, 納音火, 見卯爲眞咸池, 餘可類推.

함지에서 납음을 아울러 취하면, 이를테면 갑술(甲戌) 병인(丙寅) 무오(戊午)는 납음이 화로 묘(卯)를 보면 진함지(眞咸池)이니, 나머지는 유추하면 된다.

古歌云, 火忌西方酉, 金沉怕水鄕, 木人休見午, 水到卯宮傷, 卽是六厄.

옛 노래에서 화가 꺼리는 것은 서쪽 방향의 유(酉)이고, 금이 가라앉는 것은 수의 고향을 두려워하며, 목의 사람은 오(午)를 보는 것에서 쉬고, 수가 이르면 묘(卯)궁이 상하니, 곧 육액(六厄)이다.

(4) 방위에서 신살을 일으킴 [從方位起神煞]

연명(年命)	寅卯辰	巳午未	申酉戌	亥子丑	
고신 孤神	巳	申	亥	寅	
과숙 寡宿	丑	辰	未	戌	
隔角煞	午	酉	子	卯	인묘진이 오를 보면 사를 격하고 사오미가 유를 보면 신과 격하니, 이것이 격각임. 寅卯辰見午, 隔巳. 巳午未見酉 隔申, 是爲隔角.

(5) 네 충에서 신살을 일으킴 [從四冲起神煞]

연명(年命)	子午卯酉		寅申巳亥		辰戌丑未	
암금적살 暗金的煞	巳	신음살 呻吟煞	酉	파쇄살 破碎煞	丑	백의살 白衣煞

(6) 월건에서 신살을 일으킴 [從月建起神煞]

월(月)	寅	卯	辰	巳	午	未	申	酉	戌	亥	子	丑	
천덕 天德	丁	곤坤	壬	辛	건乾	甲	癸	간艮	丙	乙	손巽	庚	삼합회국에서 일으킴. 從三合會局起.
월덕 月德	丙	甲	壬	庚	丙	甲	壬	庚	丙	甲	壬	庚	천덕과 같음. 仝天德.
월장 月將	亥	戌	酉	申	未	午	巳	辰	卯	寅	丑	子	육합에서 일으킴. 從六合起.

(7) 진교퇴복 [進交退伏] 연월일시를 동일하게 논함(年月日時同論)

六十甲子分爲四候, 以十五日爲一候. [詳神煞編] 甲子爲第一候進神, 己卯爲第二候進神, 甲午爲第三候進神, 己酉爲第四候進神, 以次推之.

60갑자를 사후(四候)로 나눠 15일이 한 후(候)이니, [신살편에서 자세히 설명했음] 갑자(甲子)는 첫째 후에서의 진신(進神)이고, 기묘(己卯)는 둘째 후에서의 진신이며, 기유(己酉)는 셋째 후에서의 진신이니, 차례대로 미루면 된다.

진신進神	甲子	甲午	己卯	己酉	
교신交神	丙子	丙午	辛卯	辛酉	
퇴신退神	丁丑	丁未	壬辰	壬戌	
복신伏神	戊寅	戊申	癸巳	癸亥	

陰差陽錯煞, 卽交退伏神十二位.

음차양착살은 곧 교·퇴·복신의 12번째 자리이다.

(8) 일에서 신살을 일으킴 [從日起神煞]

일(日)	甲子旬	甲戌旬	甲申旬	甲午旬	甲辰旬	甲寅旬
천중살 공망 天中煞 空亡	戌亥壬	申酉 庚辛	午未丁	辰巳丙	寅卯甲乙	丁丑 癸
대패일 大敗日	庚辰辛巳	丁亥 己丑	丙申戊戌	甲辰乙巳	癸亥	

일(日)	甲	乙	丙	丁	戊	己	庚	辛	壬	癸
截路空亡	申	未	辰	卯	戌	酉	午	巳	寅	亥

遁干壬癸所乘之支, 甲遁干至申爲壬申, 乙遁干至未, 爲癸未, 故甲以申, 乙以未, 爲截路空亡. 餘照此推之, 以此十日爲截路空亡日也.

둔간(遁干)에서의 임(壬)과 계(癸)가 타고 있는 지지로 갑(甲)둔간에서 신(申)에 이르면 임신(壬申)이고, 을(乙)둔간에서 미(未)에 이르면 계미(癸未)이다. 그러므로 갑(甲)은 신(申)을, 을(乙)은 미(未)를 절로공망으로 여긴다. 나머지도 여기에 비춰 미루니, 이렇게 십일이 절로공망(截路空亡)의 날이다.

(9) 태세에서 신살을 일으킴 [從太歲起神煞]

당생태세 當生太歲	곧 연명임. 卽年命
유행태세 遊行太歲	곧 유년임. 卽流年
일 칠 살 一 七 煞	연명이 마주하며 충하는 것이 여기에 해당. 年命對沖是
원 진 또 대모라 함 元 辰 又名大耗	양남음녀로 마주해 충한 뒤의 한 지지. 음남양녀로 마주해 충한 뒤의 한 지지. 陽男陰女, 對沖後一位支辰. 陰男陽女, 對沖後一位支辰.
택 묘 또 택사라함 宅 墓 又名宅舍	음은 연명 전후 다섯 자리로 원진과 같음. 다만 원진은 마주보며 충하는 것에서 일어남. 택묘는 본신의 연명에서 일어나는 것이 같지 않을 뿐임. 陰年命前後五辰, 同元辰. 但元辰從對沖起, 宅墓從本身年命起, 爲不同耳.

此外, 如勾絞[卽貫索絞煞], 在命前後三辰, 喪門弔客在命前後二辰.

이외에 이를테면 구교(勾絞)[곧 관색(貫索)과 교살(絞煞)]는 명 전후의 세 자리이고, 상문(喪門)과 조객(弔客)은 명 전후의 두 자리이다.

病符在命後一辰, 均見駕前駕後神煞起例, 不贅. 駕者歲駕, 卽太歲, 詳神煞篇.

병부(病符)는 명 뒤의 한 자리로 모두 가전가후(駕前駕後)의 신살기례(神煞起例)에 있으니, 군더더기를 덧붙이지 않겠다. 가(駕)는 세가(歲駕)로 곧 태세(太歲)이니, 신살편에서 자세히 설명하였다.

三命通會一書, 集古人論命之大成, 古籍失傳, 在通會中皆可見其一斑.
其優點在包羅廣博, 而其弊亦在此, 不問精粗美惡, 兼收併蓄, 深淺難揉, 不
分次序. 雖仁者見仁, 智者見智, 然初學之士, 苦無頭緒, 欲循序漸進難矣.

『삼명통회』라는 한 권의 책은 옛사람들이 명조를 논한 것을 크게 집성한 것으로 옛 서적에서 실전된 것은 그것에서 그 일반을 알 수 있다. 그것의 장점은 해박하게 포괄하는 것이지만 그것의 단점도 여기에 있으니, 정교하고 거칠며 좋고 나쁜 것을 불문하고 모두 받아들여 심천이 복잡하게 섞여 있음으로 순서를 구분하지 못하는 것이다. 비록 어진 자는 어짊을 보고 지혜로운 자는 지혜를 볼지라도 처음 배우는 자들은 두서가 없는 것이 고통스럽고 순서대로 점차로 나가기 어렵다.

通會曰, 凡命先論五行, 後論祿馬, 五行要生旺, 祿馬怕衰絕. 此四句,
誠論命之總訣也. 祿馬者, 神煞之總樞. 八字入手, 先看五行衰旺生剋以定
用神之宜忌, 次看格局配合以決富貴貧賤政商士庶之等級, 然後論神煞, 神
煞大都不單獨主吉凶, 須合數種而併觀之.

『통회』에서 "명은 먼저 오행을 논하고 후에 녹마를 논하니, 오행에서는 생왕(生旺)을 바라고 녹마에서는 쇠절(衰絕)을 두려워한다."라고 하였다. 이 네 구는 진실로 명을 논하는 전체의 비결이다. 녹마는 신살의 전체적인 핵심이다. 팔자가 시작되면 먼저 오행의 쇠왕(衰

旺)과 생극을 보고 용신의 적당함과 꺼림을 정하며, 다음에 격국의 배합을 보고 부귀와 빈천, 정치인과 상인, 선비와 평민의 등급을 정한 다음에 신살을 논하는데, 신살은 대체로 단독으로 길흉을 주로 하는 것이 아니니, 반드시 여러 가지를 합쳐서 아울러서 봐야 한다.

譬如驛馬, 氣之冲動也, 吉凶晦吝生於動, 有動而後吉凶見. 同一馬也, 何以決其爲吉爲凶. 須由用神分宜忌. 用喜木火, 則寅巳爲良馬, 用喜金水, 則申亥爲良馬. 同一神煞, 何以知其所發動者爲何事. 須看格局地位, 其命爲貴格, 則其發動爲升遷得官, 爲富格, 則其發動爲貿易得財. 故有同一神煞, 君子得之, 爲面君之喜, 小人得之, 爲獄訟之災.

비유하자면 역마는 기운이 충돌하여 움직이는 것인데, 길흉회린이 움직임에서 나오니, 움직임이 있은 다음에 길흉이 드러나는 것이다. 똑같은 하나의 말[馬]인데, 어떻게 길하다고 결정하고 흉하다고 결정하는가? 반드시 용신에 따라 적당함과 꺼림을 구해야 한다. 용신으로 목과 화가 반가우면 인(寅)과 사(巳)가 좋은 말이 되는 것이고, 용신으로 금과 수가 반가우면 신(申)과 해(亥)가 좋은 말이 되는 것이다. 동일한 신살로 발동하는 것이 어떤 일이 될지 어떻게 아는가? 반드시 격국의 지위를 보고 그 명조가 귀한 격이면 그것이 영전으로 발동해서 관을 얻고, 부한 격이면 그것이 무역으로 발동해서 재물을 얻는다. 그러므로 동일한 신살이 있음에 군자가 얻으면 군자는 만나는 기쁨이 되고, 소인이 얻으면 송사를 당하는 재앙이 된다.

驛馬有爲財爲官之別, 財官有爲忌爲喜之分, 財官爲喜而見發動, [運歲臨馬或冲馬合馬皆爲動.] 則爲得官進財之益. 財官爲忌, 則爲失官破財之殃. 亡神劫煞凶煞也然. 格局貴者反主威權.

역마에는 재가 되고 관이 되는 구별이 있고, 재와 관에는 꺼리고 반기는 구분이 있으니, 재와 관이 반기는데, 발동하게 되면 [운세에서 말에 임하거나 혹 말을 충하거나 말과 합하는 것이 모두 움직임임] 관을 얻고 재물로 나아가는 이익이 된다. 재와 관을 꺼리면 관을 잃고 재물을 손상하는 재앙이 있다. 망신과 겁살 흉살도 또한 그렇다. 격국이 귀한 것은 도리어 권위를 주로 한다.

空亡, 亦凶煞也, 空亡喜合, 合則不以空論. 然吉神臨之, 則喜其合, 凶煞臨之, 又忌其合. 神煞看法, 大抵如是. 故專論神煞者無益, 不論神煞者亦非. 子平法不談神煞者, 不用其名稱耳, 非不用其實也. 子平眞詮命理約言等書, 謂神煞無關格局, 棄置不論, 皆隔靴搔痒之談, 知其一未知其二也.

공망도 흉살이다. 공망은 합을 반기는데, 합을 하면 공망으로 논하지 않는다. 그런데 길한 신이 임하면 그 합을 반기고, 흉악한 살이 임하면 또 그 합을 꺼린다. 신살을 보는 법은 대체로 이와 같다. 그러므로 신살만 논하는 것은 무익하고 신살을 논하지 않는 것도 잘못이다. 자평의 법에서 신살을 말하지 않는 것은 그 명칭을 쓰지 않은 것일 뿐이지 그 실질을 쓰지 않은 것은 아니다. 『자평진전』과 『명리약언』 등의 책에서 신살이 격국과 무관하다고 하면서 방치한 것은 신발위로 가려운 곳을 긁는다는 말이니, 하나만 알고 둘을 모르는 것이다.

　三命通會論神煞, 相併所主吉凶, 極爲詳盡, 爲使於閱讀起見, 摘錄於後. 但神煞徵驗, 必須體會眞切, 歷經試驗, 方可應用. 否則, 毫釐之差, 千里之謬, 鮮有不致誤者. 蓋看法旣已變更[用年用日], 神煞配合所主吉凶, 自不能無改變也. 是在學者善於體會而已.

　『삼명통회』에서 신살을 논함에 서로 길흉을 주로 한 것을 서로 아우른 것이 아주 자세하니, 열람해서 읽도록 뒤에 가려서 기록해 놨다. 다만 신살을 징험하려면 반드시 분명하게 체득하고 두루 시험을 거쳐 응용할 수 있어야 한다. 그렇게 하지 않으면 미세한 차이가 큰 잘못을 만들어 잘못되지 않는 경우가 드물다. 보는 법에는 이미 [연을 쓰고 일을 쓰는] 변경이 있었고, 신살의 배합에는 길흉을 주로 하니, 본래 바꿀 수 없지 않은 것이다. 이것은 배우는 자들이 잘 체득하는 것에 달려 있을 뿐이다.

5. 신살의 간법과 아울러 봄[神煞看法與併臨]

『삼명통회』에서 가려서 기록함(摘錄三命通會)

1) 육합[六合]

從無立有, 全恃乎合. 有合祿合貴合馬之分.

무에서 유를 세움에 완전히 합에 의지하는데, 합록(合祿)·합귀(合貴)·합마(合馬)가 있다.

合祿 : 如甲生人, 以寅爲祿, 不見寅而見亥, 爲合祿.

합록(合祿) : 이를테면 갑(甲)에 태어난 사람은 인(寅)을 녹으로 하는데, 인(寅)을 보지 않고 해(亥)를 보면 합록(合祿)이다.

合馬 : 寅年生人, 以申爲馬, 不見申而見巳, 爲合馬.

합마(合馬) : 인(寅)년에 태어난 사람은 신(申)이 말인데, 신(申)을 보지 않고 사(巳)를 보면 합마(合馬)이다.

合貴 : 甲戊庚生人, 貴在丑未, 不見丑未而見子午, 爲合貴.

귀합(合貴) : 갑(甲) · 무(戊) · 경(庚)에 태어난 사람은 귀인이 축(丑)과 미(未)에 있는데, 축(丑)과 미(未)를 보지 않고 자(子)와 오(午)를를 보면 합귀(合貴)이다.

合起吉神則吉, 合起凶神則凶, 兼論支中暗合, 與三合會局同論.

합으로 길신을 일으키면 길하고, 합으로 흉신을 일으키면 흉한데, 지지 속의 암합을 겸하여 논하고 삼합의 회국과 똑같이 논한다.

2) 오합[五合]

합은 변화와 같지 않으니, 『삼명통회』에서 자세히 설명함.

(合與化不同, 詳三命通會.)

陽干得陰干, 合福慢, 陰干得陽干, 合福緊. 須要貴人相助, 方爲有用, 內有冲破刑傷, 或合中有刑煞, 皆爲不吉.

양간이 음간을 얻으면 합으로의 복이 느리고, 음간이 양간을 얻으면 합으로의 복이 빠르다. 반드시 귀인이 서로 돕는 것이 있으면 유용하고, 안으로 충 · 파 · 형으로 해치는 것이 있거나 혹 합하는 가운데 형살이 있는 것은 모두 불길하다.

干合更得支合. 在一旬內, 如甲戌己卯甲辰己酉之類, 名君臣慶會, 在兩旬內, 如甲子己丑甲午己未之類, 名夫妻聚會.

천간이 합하고 다시 지지의 합을 얻음. 열 단위의 한 순서 안에 있으면, 이를테면 갑술(甲戌)에 기묘(己卯)나 갑진(甲辰)에 기유(己酉)와 같은 것이면, 임금과 신하가 경사롭게 모인 것이고, 열 단위의 두 순서 안에 있으면, 이를테면 갑자(甲子)에 기축(己丑)이나 갑오(甲午)에 기미(己未)와 같은 것이면, 부부가 모인 것이다.

轉角進化. 干合中, 支辰四角相順連, 如甲辰見己巳之類, 日時遇之, 成立功名不難.

각을 돌아 나아가면서 변화함. 천간의 합 가운데 지지의 네 각이 서로 연결되면, 이를테면 갑진(甲辰)이 기사(己巳)를 보는 것과 같은 것으로 일시에 만나면, 공명을 이루고 세움이 어렵지 않다.

轉解退化. 干合中, 支辰四角相反連, 如甲午見己巳之類, 日時遇之, 功名差晚, 好處退減, 歲運逢之亦歇減.

각을 돌아 물러나면서 변화함. 천간의 합 가운데 지지의 네 각이 서로 반대로 연결되면, 이를테면 갑오(甲午)가 기사(己巳)를 보는 것과 같은 것으로 일시에서 만나면, 공명이 어긋나 늦어지고, 좋은 점이 감퇴하며, 세운에서 만나도 잠깐 손상된다.

3) 삼합과 회국[三合會局]

육합과 같이 논함(六合同論)

相生合 : 舉事多遂, 福神來往, 則福愈厚.
상생의 합 : 거사가 대부분 이뤄지고 복신이 왕래하니 복이 더욱 두텁다.

相剋合 : 動多招損, 凶煞相兼, 橫事勾連.
상극의 합 : 움직임에 대부분을 손해를 부르니, 흉살을 서로 겸하면 불상사에 연루된다.

死絕合 : 一生少得稱懷. 相生相剋及死絕, 均指納音言.
사절의 합 : 평생 적게 얻어도 만족한다. 상생과 상극 및 사절은 모두 납음을 가리켜서 말한 것이다.

建祿合 : 多橫財, 及意外名望之福.
건록의 합 : 횡재와 의외로 명망의 복이 많다.

正印貴人合 : 得提攜之福. 正印者, 納音墓庫. 見上.
정인과 귀인의 합 : 돌보는 복이 있다. 정인은 납음으로 묘고이다. 위에 있다.

食神合 : 衣祿豊餘.
식신의 합 : 봉록이 남을 정도로 풍부하다.

咸池大耗合 : 不良貪汚之行. 婦人大忌.
함지와 대모의 합 : 불량하게 더러운 것을 탐하는 행동이다. 부인은 크게 꺼린다.

天空倂 : 動無成實.
천공의 아우러짐 : 움직임에 성과가 없다.

元辰大耗合 : 言淸行濁.
원진과 대모의 합 : 말은 좋은데 행동이 나쁘다.

官符倂 : 多招刑獄詞訟.
관부의 아우러짐 : 대부분 형옥과 송사를 부른다.

4) 육해[六害]

寅申巳亥 : 多主骨肉傷殘, 値生旺喜進取, 値死絶多謀少成. 入貴格, 有操守, 善機權, 入賤格, 多詐鄙吝.

인신사해. 대부분 골육이 서로 해치는 것으로 생왕을 만나면 나아가 취하는 것을 반기고, 사절을 만나면 대부분 작게 이루는 것을 도모한다. 귀한 격에 들면 잡아서 지킴이 있고 기지와 권모술수에 뛰어나며, 천한 격에 들면 속이는 것이 많고 천박하다.

卯辰午丑 : 如生旺, 主好勝嚴毅. 如死絶, 主傷慘傾覆. 入貴格, 主大權, 入賤格, 謀生於不義之地.

묘진오축 : 생왕이면 주로 이기기를 좋아하고 엄숙하고 의지가 굳다. 사절이면 주로 참혹하고 전복된다. 귀한 격에 들면 대권을 주로 하고 천한 격에 들면 의롭지 않은 곳에서 살기를 도모한다.

子未 : 生旺死絶, 皆不利六親. 入貴格, 多妻妾之累, 賤格, 主孤獨無倚.

자미 : 생왕과 사절 모두 육친에 이롭지 않다. 귀한 격에 들면 처첩의 장애가 많고, 천한 격이면 주로 고독하고 의지할 곳이 없다.

戌酉 : 値生旺, 主剛戾, 如死絶, 主酷狠, 入貴格, 忌妒姦佞, 入賤格, 主殘害陰狡.

술유 : 생왕을 만나면 주로 굳세고 사나우며, 사절이면 주로 모질고 잔혹하며, 귀한 격에 들면 시기하고 투기하며 간사하고 아첨하며, 천한 격에 들면 손상을 입히고 음험하며 교활하다.

5) 삼형[三刑]

寅巳申刑 : 生旺, 主人持重少語, 寡欲無情, 多招失義忘恩之撓. 死絕, 面譽背毁, 失義忘恩. 入貴格, 慘虐喜殺. 人賤格, 言行乖越, 貪吝無厭. 婦人多産血損胎之災, 一生不利骨肉.

인사신의 형 : 생왕이면 주로 자중하고 말이 없으며 과욕하고 정이 없으며 의를 잃고 은혜를 잊는 어지러움을 초래함이 많다. 사절이면 마주보고 칭찬하다가도 돌아서면 헐뜯으며 의를 잃고 은혜를 잊는다. 귀한 격에 들면 잔학하고 살인을 즐긴다. 천한 격에 들면 언행이 서로 맞지 않고 탐욕스러우며 인색함에 끝이 없다. 부인은 대부분 출산에 피를 흘려 태를 손상하는 재앙이 있고, 평생 골육에 이롭게 하지 않는다.

丑戌未刑 : 生旺, 主人意氣雄豪, 以直攻人, 死絕, 形露瘦小, 樂禍災, 入貴格, 公淸平正, 人多畏懼, 入賤格, 多犯刑責, 暗昧之災, 婦人忍害孤獨.

축술미의 형 : 생왕이면 주로 사람의 의기가 힘차서 바로 공격하고, 사절이면 드러나는 것이 마르고 왜소하며 재앙을 기꺼워한다. 귀한 격에 들면 공평하고 청정하여 사람들이 대부분 두려워하고, 천한 격에 들면 자주 범법으로 형을 받고 암매한 재앙이 있으며, 부인은 살해되고 고독하다.

子卯刑 : 生旺, 主人威肅, 氣强性暴, 太明察, 不能容人. 死絶, 侮慢刻薄, 少孝弟, 害妻子 入貴格, 多掌兵權, 位居不久. 入賤格, 悖逆凶暴, 多招刑禍.

자묘의 형 : 생왕이면 주로 정중하고 엄숙하며, 기질이 강해 성품이 난폭하고, 너무 밝게 살펴 사람을 용납할 수 없다. 사절이면 교만하고 각박하며 효제를 대수롭게 여기지 않고 처자를 해친다. 귀한 격에 들면 대부분 병권을 장악하나 지위를 오래 지키지 못한다. 천한 격에 들면 패역하고 흉포하여 대부분 형벌의 재앙을 초래한다.

辰午酉亥自刑 : 生旺, 沉靜內毒, 形容劣弱. 死絶, 深毒輕忽, 多肢節手足之災. 入貴格, 權謀機變, 入賤格, 多憂頑愚, 帶諸凶煞, 非令終也. 婦人主淫蕩凶摺之災.

진오유해의 자형 : 생왕이면 차분하고 속으로 독하며 형용이 쇠약하다. 사절이면 아주 독하면서 경솔하고, 관절과 수족의 재앙이 많다. 귀한 격에 들면 권모로 변화를 잘 타고, 천한 격에 들면 근심이 많고 완고하며 어리석은데, 여러 흉살을 끼고 있으면 좋게 죽지 못한다. 부인은 주로 음탕하고 흉하게 끊는 재앙이 있다.

6) 충으로 침[冲擊]

일명 칠살(一名七煞)

十二支冲擊 : 大都爲凶, 然有爲福者, 如冲處相生, 辛巳金見癸亥水之類, 主聲望遠播, 科甲崢嶸, 冲處相剋, 如壬申金見庚寅木之類, 主神淸貌俊, 軒昂脫俗. 生旺, 膽壯敢爲, 死絶, 寒酸鄙薄, 多夭折.

12지지에서 충으로 침 : 대개 흉하지만 복이 되는 것도 있으니, 이를테면 충하는 곳에서 상생하면, 신사(辛巳)의 금이 계해(癸亥)의 수를 보는 것으로 주로 명성이 멀리 퍼지고 과거에서 뛰어나다. 충하는 곳에서 서로 극하면, 이를테면 임신(壬申)의 금이 경인(庚寅)의 목을 보는 것으로 주로 정신이 맑고 용모가 준수하다. 생왕이면 대담해서 과감하게 행하고, 사절이면 궁상맞고 비열하며 대부분 요절한다.

同類相冲 : 如甲子甲午己卯己酉, 多主破祖業, 身心不閑, 卽使祿重名商, 終有一失.

같은 것들끼리 서로 충함 : 이를테면 갑자(甲子)에 갑오(甲午)나 기묘(己卯)에 기유(己酉)이면 대부분 주로 조상의 유업을 파하고, 심신으로 능숙하지 못하니, 관록이 무거우면서 유명한 상인일지라도 마침내 한 번은 잃는 것이 있다.

月冲日時, 時冲年, 名仇讐煞 : 主與人無恩, 多得憎嫌, 長病或暴卒. 成格者, 不以冲擊論.

월에서 일과 시를 충하거나 시에서 연을 충하면 구수살이라 함 : 주로 사람들과 은혜가 없어 대부분 증오와 혐오를 받고, 긴 병이거나 일찍 죽는다. 격을 이룰 경우에는 충이 치는 것으로 논하지 않는다.

犯空亡 : 破禍爲福, 必爲食祿之人. 如凶煞値空, 逢冲則禍.

공망을 범함 : 재앙을 파해 복이 되게 하고 반드시 녹봉을 먹는 사람이 된다. 만약 흉살이 공망을 만났는데 충을 만나면 재앙이 된다.

帶劫煞亡神相冲 : 主犯刑. 在死絕, 主廢病多疾.

겁살과 공망이 서로 충하는 것을 끼고 있음 : 주로 형을 범한다. 사절에 있으면 주로 병으로 누워있고 병치레가 많다.

帶貴煞入局 : 有秀氣科名, 終主惡疾死.

귀인과 겁살을 끼고 국에 들어감 : 뛰어난 기운으로 과거에서 이름을 얻으나 끝내 주로 나쁜 병으로 죽는다.

帶元辰空亡相冲 : 不下賤則貧寒. 五行枯瘁則賤, 帶秀氣有虛聲.

원진과 공망이 서로 충하는 것을 끼고 있음 : 천하지 않으면 빈한하다. 오행이 마르고 병들었으면 천하고, 뛰어난 기운을 끼고 있으면 헛된 명예가 있다.

破印 : 如木人[年命納音木]帶癸未[納音木印], 內有乙丑金之類.

인을 파괴함 : 이를테면 목의 사람으로 [연명의 납음이 목] 계미(癸未)[납음으로 목의 인성임]를 끼고 있는데, 안에 을축(乙丑) 금이 있는 종류이다.

破財 : 如金人[年命納音金], 以寅卯爲財, 見申酉[或庚辛]之類.

재를 파괴함 : 이를테면 금의 사람[연명의 납음이 금]은 인(寅)과 묘(卯)로 재를 삼으니, 신(申)과 유(酉)[혹 경(庚)과 신(辛)]를 보는 종류이다.

破祿 : 如甲祿在寅, 見沖之類. [祿最忌沖.]

녹을 파괴함 : 이를테면 갑의 녹은 인(寅)에 있으니, 충을 보는 종류이다. [녹은 충을 가장 꺼림.]

破馬 : 如亥卯未年生人, 馬在巳, 見亥之類.

마를 파괴함 : 해묘미의 해에 태어난 사람은 말이 사(巳)에 있으니 해(亥)를 보는 종류이다.

破合, 如甲午人得己亥, 見巳或子冲之爲破合.

합을 파괴함 : 이를테면 갑오(甲午)의 사람이 기해(己亥)를 얻었는데, 사(巳)나 자(子)를 봐서 합을 파괴하는 것이다.

7) 녹[祿]

進退眞祿 : 如戊辰見丁巳, 或戊午見丁巳, 丙辰丙午見癸巳之類, 支神相連, 進則平易, 退則艱難.

진퇴의 진록 : 이를테면 무진(戊辰)이 정사(丁巳)를 만나거나 혹 무오(戊午)가 정사(丁巳)를 만나거나, 병진(丙辰)과 병오(丙午)가 계사(癸巳)를 만나는 종류로 지지의 신이 서로 연결되어 나가는 것은 쉽고, 물러나는 것은 어렵다.

祿値會合 : 如甲祿寅, 見庚戌之類.

녹이 회합을 만남 : 이를테면 갑(甲)의 녹 인(寅)이 경술(庚戌)을 만나는 종류이다.

食神帶祿或合祿 : 食神得祿, 爲帶祿, 合食神祿爲合祿. [合祿見上六合]

식신이 녹을 끼고 있거나 녹과 합 : 식신이 녹을 얻은 것이 녹을 끼고 있는 것이고, 식신의 녹과 합한 것이 녹과 합함이다. [녹과 합은 위의 육합에 있음.]

祿頭財 : 名絪縕煞, 如甲人見戊寅, 乙人見己卯之類, 主富有聲望.

녹 머리의 재 : 인욕살(絪縕煞)이라고 부르는데, 이를테면 갑(甲)의 사람이 무인(戊寅)을 보고, 을(乙)의 사람이 기묘(己卯)를 보는 종류로 주로 부유함으로 명성이 있다.

祿頭鬼 : 名絪縕煞, 如甲人見庚寅, 乙人見辛卯之類, 主口舌刑責.

녹 머리의 귀 : 인욕살(絪縕煞)이라고 부르는데, 이를테면 갑(甲)의 사람이 경인(庚寅)을 보는 것이고, 을(乙)의 사람이 신묘(辛卯)를 보는 종류로, 주로 구설로 형사상의 책임을 지는 것이다.

旬中祿 : 一旬之中, 交互見祿也, 如甲申見庚寅, 戊午見丁巳之類, 主清華要職.

순 가운데의 녹 : 열 단위의 하나 가운데 서로 녹을 보는 것이니, 이를테면 갑신(甲申)이 경인(庚寅)을 보는 것이고, 무오(戊午)가 정사(丁巳)를 보는 종류로, 주로 문장의 중요한 직책이다.

互換貴祿 : 庚寅年, 見甲申日時之類.

호환하여 귀록 : 경인(庚寅)년이 갑신(甲申)의 일시를 보는 종류이다.

朝元祿 : 寅年生人, 見甲日時之類. [胎元得寅同論.]

조원의 녹 : 인(寅)년에 태어난 사람이 갑이 일시를 보는 종류이다. [태원이 인(寅)을 얻은 것과 똑같이 논함]

朝元夾合 : 如癸巳見戊辰戊午, 兩戊合癸, 夾巳祿, 主封爵.

조원이 합을 낌 : 이를테면 계사(癸巳)가 무진(戊辰)과 무오(戊午)를 보면 두 무(戊)가 계(癸)와 합해 사(巳) 록을 끼는 것으로 주로 관직에 봉해진다.

祿馬同鄕 : 如甲子年生人, 見寅日時, 申子辰馬在寅, 甲祿又在寅也.

녹마가 같은 고향임 : 이를테면 자(子)년에 태어난 사람이 인(寅)의 일이나 시를 보면 신자진(申子辰)의 말이 인(寅)에 있고 갑(甲)의 녹이 또 인(寅)에 있는 것이다.

合祿 : 甲祿在寅, 見亥爲明合, 無寅得亥爲暗合, 主儻來之福.

녹과 합함 : 갑(甲)의 녹이 인(寅)에 있는데 해(亥)가 분명하게 합하는 것을 보면 인(寅)이 해(亥)를 얻어 암합함이 없으니, 주로 횡재하는 복이다.

拱祿 : 甲祿寅, 不見寅, 而見丑卯爲虛拱, 主人大富貴. 明見爲實拱不取.

녹을 껴안음 : 갑(甲)은 인(寅)을 녹으로 함에 인(寅)을 보지 않고 축(丑)과 묘(卯)를 보면 허공을 껴안은 것으로 주로 사람이 크게 부귀하다. 실제로 껴안고 있는 것인데도 취하지 않았음을 분명히 드러내는 것이다.

祿庫 : 庫者祿之聚, 如甲乙亥多得未, 乃厚祿豊足之人.

녹의 창고 : 창고는 녹이 모이는 곳이니, 이를테면 갑(甲)과 을해(乙亥)가 미(未)를 얻으면 그야말로 두터운 녹으로 풍족한 사람이다.

建祿 : 生旺, 主一生安逸, 足財利, 死絕, 主吝嗇猥鄙.

건록 : 생왕하면 주로 평생 편안하고 재물의 이익이 풍족하고, 사절이면 주로 인색하고 비루하다.

與元辰倂 : 因樗蒲得財.

원진과 나란히 함 : 도박으로 재물을 얻는다.

與官符倂 : 因官門得財, 或多爭訟.

관부와 나란히 함 : 관청의 문으로 재물을 얻거나 혹 쟁송이 많다.

與劫煞倂 : 好賤技小商, 不義橫財.

겁살과 나란히 함 : 하찮은 기술과 소규모 장사를 좋아하고 의롭지 않게 횡재한다.

與天中倂 : 多遺失破財.

천중과 나란히 함 : 대부분 유실로 재물의 손해를 본다.

與祿鬼倒食倂 : 多因賒貸牙儈得財, 惟財是念.

녹귀와 도식이 나란히 함 : 대부분 세내어 빌리고 흥정하는 것으로 재물을 얻고 오직 재물만 생각하는 것이다.

祿與驛馬相連 : 祿多馬少, 便主神勞, 祿少馬多, 能操善負. 祿要簡不要繁, 要干頭不反傷日主, 不犯梟神爲佳.

녹과 역마가 서로 연결됨 : 녹이 많고 말[馬]이 적으면 곧 주로 정신의 노고이고, 녹이 적고 말[馬]이 많으면 잘 조종하고 잘 떠안는다. 녹은 간단함을 필요로 하고 번거로움을 필요로 하지 않으며, 천간의 머리를 필요로 하고 일주에 해로움을 돌리지 않으며, 효신을 범하는 것을 아름답게 여기지 않는다.

少年或老年歲運逢祿 : 多主發病, 所謂老幼愼勿坐强是也.

　소년이나 혹 노년에 세운에서 녹을 만남 : 대부분 주로 병이 생기니, 이른바 늙었거나 어리거나 삼가 강함에 빠지지 않아야 한다는 것이 여기에 해당한다.

8) 천을귀인[天乙貴人]

　干爲天乙之將, 支爲貴人之帥. 假如丑未年生人, 月日時得甲戊庚, 爲遇正天乙, 甲子人十二月生, 是遇貴人.

　천간은 천을의 장군이고 지지는 귀인의 장수이다. 가령 축(丑)과 미(未)년에 태어난 사람이 월·일·시에서 갑(甲)·무(戊) 경(庚)을 얻으면 정천을(正天乙)을 만난 것이고, 갑자(甲子)의 사람이 12월에 태어났으면 귀인을 만난 것이다.

　丑未生人, 甲戊庚中得兩字, 子申生人, 得乙己全, 酉亥生人, 得丙丁全, 爲兩天乙, 更得太歲干祿, 正官正印者, 其福加倍.

　축(丑)과 미(未)년에 태어난 사람이 갑(甲)·무(戊) 경(庚) 중에서 두 개를 얻고, 자(子)와 신(申)년에 태어난 사람이 을(乙)과 기(己)의 온전함을 얻으며, 해(亥)와 유(酉)에 태어난 사람이 병(丙)과 정(丁)의 온전함을 얻으면 두 천을인데, 다시 태세의 간록을 얻음에 정관과 정인인 경우는 그 복이 배로 된다.

貴人要與祿馬同窠, [同一支辰] 不犯交退伏神, 干支相合爲吉. [要在月日時支相合.]

귀인이 녹마와 같은 자리를 필요로 하고, [동일한 지지의 자리] 교·퇴·복신을 범하지 않으면서 간지가 서로 합하는 것은 길하다. [월일시의 지지가 서로 합하는 것이 필요]

貴合貴食：如甲得己丑己未, 戊得癸丑癸未之類, 爲貴合, 甲食丙, 乙食丁, 丙丁貴在酉亥, 甲得丙寅丙辰, [寅合亥, 辰合酉]爲合貴, 乙得丁酉丁亥爲貴食. 有貴合, 則官多稱意, 有貴食, 祿多稱意, 二者兼之, 官高祿重.

귀합(貴合)과 귀식(貴食) : 이를테면 갑(甲)이 기축(己丑)·기미(己未)를 얻고, 무(戊)가 계축과 계미를 얻는 종류가 귀합(貴合)이고, 갑(甲)은 식신이 병(丙)이고 을(乙)은 식신이 정(丁)인데, 병(丙)과 정(丁)의 귀인이 유(酉)와 해(亥)에 있으니, 갑(甲)이 병인(丙寅)과 병진(병진)을 얻는 것은 [인(寅)이 해(亥)와 합하고, 진(辰)이 유(酉)와 합함] 합귀(合貴)이며, 을(乙)이 정유(丁酉)·정해(丁亥)를 얻은 것은 귀식(貴食)이다. 귀합(貴合)이 있으면, 관이 대부분 뜻대로 되고, 귀식(貴食)이 있으면 녹이 대부분 뜻대로 되니, 두 가지를 겸하면 관이 높고 녹이 중하다.

天乙在貴人六合上 : 如甲戊庚在子午上, 子合丑, 午合未, 乙巳在巳丑上, 巳合申, 丑合子之類, 皆主大福.

천을이 귀인 육합의 위에 있음 : 이를테면 무(戊)와 경(庚)이 자(子)와 오(午)의 위에 있으면 자(子)가 축(丑)과 합하고 오(午)가 미(未)와 합하고, 을사(乙巳)가 사축(巳丑) 위에 있으면 사(巳)가 신(申)과 합하고 축(丑)이 자와 합하는 종류로 모두 주로 크게 복이 있다.

天乙扶身 : 如壬寅生人, 得甲寅日時, 壬貴在卯, 甲貴在丑, 夾擁太歲寅, 入貴格, 無刑冲, 主一生少病, 早年享福, 常格得之, 終身無刑獄災.

천을이 자신을 떠받침 : 이를테면 임인(壬寅)년에 태어난 사람이 갑인(甲寅)의 일과 시를 얻으면, 임(壬)의 귀인이 묘(卯)에 있고, 갑(甲)의 귀인이 축(丑)에 있어 태세 인(寅)을 껴안아 떠받치니, 귀한 격에 들어가고, 형충이 없으면 주로 평생 병이 적고 이른 나이부터 복을 누리고, 평상의 격을 얻으면 종신토록 형옥의 재앙이 없다.

夾貴逢六合 : 壬癸人見辰, 而得癸酉合, 丙丁人見戌, 而得丁卯合, 取前後有天乙貴, 更得祿馬臨身, 主人大富貴.

협귀가 육합을 만남 : 임(壬)과 계(癸)의 사람이 진(辰)을 보았는데 계유(癸酉)의 합을 얻고, 병(丙)과 정(丁)의 사람이 술(戌)을 보았는데 정묘(丁卯)의 합을 얻으면, 전후로 천을귀인이 있는 것을 취한 것이고, 다시 녹마가 자신에게 임하는 것을 얻은 것이니, 주로 사람이 크게 부귀하다.

生月日時遇天乙貴人 : 相間四字全者, 極貴. [四字全, 如天干四字, 皆得貴於支, 或在夾拱中, 皆以貴論.]

태어난 월·일·시에서 천을귀인을 만남 : 서로 사이의 네 글자가 온전한 것은 극도로 귀하다. [네 글자가 온전한 것은 이를테면 천간의 네 글자가 모두 지지에서 귀함을 얻거나 혹 가운데에 껴안은 것으로 모두 귀한 것으로 논함.]

貴人福力厚薄 : 甲遇未, 庚遇丑, 各在祿庫, 戊遇丑未, 土之本支, 己遇申, 生旺同位. 以上四種, 生月日時遇之, 更帶正官正印. 上下合, 正天乙本家, 福力加倍. 乙人遇申絕忌, 却有暗合, 遇子敗, 丙丁遇亥絕忌, 丁有暗合, 遇酉死忌, 壬癸遇巳絕忌, 癸有暗合, 遇卯死忌, 辛人遇午敗忌, 遇寅絕忌. 以上六貴, 皆與忌神同位, 生月日時遇之, 可得二三分福力.

귀인 복력의 후박 : 갑(甲)이 미(未)를 만나고 경(庚)이 축(丑)을 만나면 각기 녹의 창고에 있는 것이고, 무(戊)가 축(丑)과 미(未)를 만나면 토의 본래 지지이며, 기(己)가 신(申)을 만나면 생왕이 같은 자리이다. 이상의 네 종류는 태어난 월·일·시에서 만나고, 다시 정관과 정인을 두르고 있으면서 상하로 합을 하면, 정천을(正天乙)의 본

래 집으로 복력이 배가 된다. 을(乙)의 사람이 신(申) 절(絕)의 기(忌)를 만나 도리어 암합하고 자(子)의 패(敗)를 만나며, 병(丙)과 정(丁)이 해(亥) 절(絕)의 기(忌)를 만나 정(丁)이 암합하고 유(酉) 사(死)의 기(忌)를 만나며, 임(壬)과 계(癸)가 사(巳) 절(絕)의 기(忌)를 만나 계(癸)가 암합하고 묘(卯) 사(死)의 기(忌)를 만나며, 신(辛)의 사람이 오(午) 패(敗)의 기(忌)를 만나고 인(寅) 절(絕)의 기(忌)를 만나는 것으로 이상의 여섯 귀인은 모두 기신(忌神)과 같은 자리이니, 태어난 월·일·시에서 만나면 복력이 두 개 세 개로 갈라진다.

貴人與驛馬同位, 及帶天乙本家祿正宮正印, 干合有輔助者, 福力加倍.
귀인과 역마가 같은 자리이고, 천을의 본래 집이 정관과 정인을 녹으로 하는 것을 두르고 있으며, 천간의 합이 보조하는 것이 있으면 복력이 배가 된다.

天乙遇生旺, 形貌軒昂純粹大器, 死絕, 則執拗.
천을이 생왕을 만나면 형모가 당당하고 순수하여 큰 그릇이고, 사절이면 집요하다.

與劫煞倂, 貌厚有威, 多謀足計.
겁살과 나란하면, 행동이 두터워 위엄이 있고, 계책이 많고 풍족하다.

與官符併, 文翰飄逸.
관부와 나란하면 글 짓는 것이 뛰어나다.

與建祿併, 文翰純實.
건록과 나란하면 글 짓는 것이 순수하고 내실이 있다.

若落天中, [空亡煞] 或與天中合, 或連珠, 當好謳吟, 伶人技藝之流.
천중에 떨어지거나 [공망살임] 혹 천중과 합하거나 하나로 이어져 있으면, 노래를 좋아하여 광대나 예인으로 흘러 다닌다.

運歲至此, 主遷官進財.
운세가 이 지경이면 주로 직위가 떨어져 재물을 바치게 된다.

9) 삼기[三奇]

곧 삼태임(卽三台)

三奇者, 乙丙丁, 通會曰, 三車一覽, 以甲戊庚爲地三奇, 太乙經, 以辛壬癸爲水奇, 其說皆穿鑿無据. 故三奇惟乙丙丁爲眞, 然不如見卯巳午三台之爲貴也. 凡命入格遇三奇, 福力倍增.

삼기(三奇)는 을(乙)·병(丙)·정(丁)이다. 『통회』에서 "『삼거일람』에서는 갑(甲)·무(戊)·경(庚)을 지삼기(地三奇)로 여겼고, 『태을경』에서는 신(辛)·임(壬)·계(癸)를 수기(水奇)로 여겼는데, 그 설은 모두 천착한 것으로 근거가 없다."라고 하였다. 그러므로 삼기는 을(乙)·병(丙)·정(丁)만이 참되지만 묘(卯)·사(巳)·오(午) 삼태가 귀함이 되는 것을 보는 것만은 못하다. 명조의 격에 드는 것이 삼기를 만나면 복력이 배로 늘어난다.

帶天乙貴, 勳業超群.
천을의 귀함을 두르고 있으면 공훈이 뛰어나다.

帶六儀,[戊己庚辛壬癸] 才智出類.
육의[무(戊)·기(己)·경(庚)·신(辛)·임(壬)·계(癸)]를 두르고 있으면 재주와 지혜가 출중하다.

帶官符劫煞, 器識宏達.
관부과 겁살을 두르고 있으면 도량과 식견이 대단하다.

帶天月德, 凶災不犯.
천월덕을 두르고 있으면 흉악한 재앙이 침범하지 못한다.

帶三合入局, 國家柱石.
삼태가 국에 들어간 것을 두르고 있으면 국가의 기둥과 주춧돌이다.

帶空亡生旺, 脫塵離俗.
공망의 생왕을 두르고 있으면 세속을 벗어난다.

値元辰咸池冲破者, 無用, 太歲不帶, 單月日時見者, 無用.
원진·함지·충파를 만난 경우에는 쓸모가 없고, 태세에 두르고 있지 않고 단지 월·일·시에 있는 경우에는 쓸모가 없다.

10) 역마[驛馬]

通會云, 氣藏如驛, 氣動如馬. 寅午戌火屬, 遇申生水以發動之, 申子辰水屬, 遇寅生火以發動之. 以一反三, 理歸一揆, 不必執寅午戌申, 申子辰寅, 然後爲馬, 凡水中火騰, 火中水降, 皆爲馬頭." 由是言之, 寅午戌見申爲馬, 見子辰亦馬屬, 氣値冲動, 其理一也. 餘可類推.

『통회』에서 "기운은 숨는 것이 역과 같고, 기운은 움직이는 것이 말과 같다. 인오술(寅午戌)은 화에 속하는데 신(申)이 수를 생해 발동하는 것을 만나는 것이고, 신자진(申子辰)은 수에 속하는데 인(寅)이 화를 생해 발동하는 것을 만나는 것이다. 하나를 가지고 셋을 되돌리고 이치를 가지고 하나의 법으로 돌아오면 굳이 인오술(寅午戌)은 신(申)이고 신자진(申子辰)은 인(寅)임을 고집할 필요가 없고, 그런 다음에 말[馬]이 되니 물속에서 화가 올라가고 불속에서 수가 내려가는 것은 모두 말의 머리이다."라고 하였다. 이렇게 보면 인오술(寅午戌)이 신(申)을 보는 것이 말이고, 자진(子辰)을 보는 것도 말에 속하니, 기운이 충동을 만나는 것은 이치가 같기 때문이다. 나머지도 종류대로 유추하면 된다.

驛馬爲命中喜慶發用之神, 君子遇之, 常居榮位, 小人亦生豊贍.

역마가 명에서 기쁜 경사로 드러나 쓰이는 신인데, 군자가 이것을 만나면 항상 영화로운 자리에 있고, 소인도 부유하고 풍족하게 된다.

驛馬生旺, 主人氣韶凝峻, 通變達時, 多聲望, 死絶, 主一生成敗, 漂泊不定.

역마가 생왕이면, 주로 사람의 기질이 아름답고 정중하며 위엄이 있으면서 변화와 시기에 통달하여 대부분 명성이 있고, 사절이면, 주로 평생의 성패가 떠도는 배처럼 일정하지 않다.

祿馬同鄕 : 見上祿, 福力優厚.

녹과 마가 같은 고향 : 위의 녹에 있는 것으로 복력이 뛰어나고 두텁다.

祿馬交馳 : 寅午戌馬在申, 時干得庚, 亥卯未馬在巳, 時干得丙, (申子辰馬在寅, 時干得甲), 巳酉丑馬在亥, 時干得壬. 以日支求時干, 以時干求日支, 互換得之, 謂之祿馬交馳.

녹과 마(馬)가 교대로 달림 : 인오술(寅午戌)은 말[馬]이 신(申)에 있는데 시의 천간에서 경(庚)을 얻은 것이고, 해묘미(亥卯未)는 말이 사(巳)에 있는데, 시의 천간에서 병(丙)을 얻은 것이며, 신자진(申子辰)은 말이 인(寅)에 있는데 시의 천간에서 갑(甲)을 얻은 것이고 사유축(巳酉丑)은 말이 해(亥)에 있는데, 시의 천간에서 임(壬)을 얻는 것이다. 일의 지지로 시의 천간을 구하고, 시의 천간으로 일의 지지를 구해 서로 바꿔 얻으면, 그것을 녹과 마가 교대로 달리는 것이라고 한다.

祿前馬後 : 辛巳生人得戌日時, 辛祿在酉, 巳馬在亥, 祿馬前後夾擁. 又乙亥生人得辰日時同

녹이 앞 마가 뒤 : 신사(辛巳)에 태어난 사람은 술(戌)일시를 얻으면, 신(辛)의 록이 유(酉)에 있고 사(巳)의 말이 해(亥)에 있으니, 녹과 마가 전후로 끼어 안고 있는 것이다. 또 을해(乙亥)에 태어난 사람이 진(辰)의 일시를 얻는 것도 같다.

柱中帶馬 : 若不値空亡破敗交退伏神, 榮貴, 與祿交互, 或與天乙諸煞相併, 官秉大權, 貴居廊廟. 時爲上, 日次之, 月又次之.

사주에 말[馬]을 두르고 있음 : 공망·파·패·교퇴·복신을 만나지 않으면 영화롭고 귀한데, 녹과 교대로 있고 혹 천을의 여러 살이 서로 나란히 하며 관이 대권을 쥐면, 귀함이 조정에 있다. 시가 최상이고, 일이 다음이며, 월은 또 그 다음이다.

干支合馬 : 如申子辰馬在寅, 得甲寅, 見己亥合, 主官職崇高.

천간과 지지가 말[馬]과 합함 : 이를테면 신자진(申子辰)의 말이 인(寅)에 있는데, 갑인(甲寅)을 얻고 기해(己亥)의 합을 보면, 주로 관직이 높이 올라간다.

有驛有馬 : 干爲馬, 支爲驛. 如戊戌人馬在申, 得庚申, 庚馬到申臨官, 戊戌支干俱屬土, 到申長生, 本命驛馬皆有氣, 爲有驛有馬.

역이 있고 말[馬]이 있음 : 천간이 말이고 지지가 역이다. 이를테면 무술(戊戌)의 사람은 말이 신(申)에 있어 경신(庚申)을 얻으면 경(庚)의 말이 신(申)의 임관에 도달하는데, 무술(戊戌)의 천간과 지지가 모두 토에 속해 신(申)의 장생에 이르니, 본래의 명조에서 역마에 모두 기운이 있어 역이 있고 말이 있는 것이다.

御策全, 併剋身 : 馬前一辰爲御, 後一辰爲策. 如甲子生人, 馬在寅, 得丑日卯時, 夾祿馬. 甲子納音金, 値丙寅火馬, 定貴.

채찍을 휘두르는 것이 온전하면서 자신을 극하는 것을 아우름 : 말 앞의 한 자리가 휘두르는 것이고 뒤의 한 자리가 채찍이다. 이를테면 갑자(甲子)에 태어난 사람은 말이 인(寅)에 있는데, 축(丑)일 묘(卯)시를 얻으면 녹과 말을 끼고 있는 것이다. 갑자(甲子)는 납음으로 금인데, 병인(丙寅) 화의 말을 만나면 반드시 귀하다.

馬頭帶劍 : 驛馬上得庚辛, 或納音金, 主名振邊疆.

말 머리에 칼을 두르고 있음 : 역마가 위로 경(庚)과 신(辛)이나 혹 납음으로 금을 얻으면 주로 명성을 온 나라에 떨친다.

一木繫雙馬 : 寅午戌多見丙申, 申子辰多見庚寅, 馬上干剋支, 主多驚險.

한 나무에 두 마리 말을 묶어둠 : 인오술(寅午戌)이 병신을 보는 것이 많고, 신자진(申子辰)이 경인(庚寅)을 보는 것이 많으면, 말 위의 천간이 지지를 극해서 주로 놀라고 위태로운 일을 자주 겪는다.

馬剋身 : 驛馬之辰, 能制生月, 如寅午戌人, 馬在申, 申金能制寅卯月木是也. 主官職易求, 常人小富.

말이 자신을 극함 : 역마의 자리가 태어난 달을 제재할 수 있는 것으로, 이를테면 인오술(寅午戌)의 사람은 말이 신(申)에 있어 그것이 인(寅)과 묘(卯)월의 목을 제재할 수 있는 것이 여기에 해당한다. 주로 관직을 쉽게 구하고 범인은 다소 부유하다.

馬財庫 : 驛馬所剋之辰入墓, 如馬在申, 金能剋木, 見未木庫是也. 主遊歷四方, 廣得資材.

말이 재의 창고임 : 역마가 극하는 자리가 묘지로 들어가는 것으로, 이를테면 말이 신(申)에 있어 금이 목을 극하는데 미(未) 목의 창고를 보는 것이 여기에 해당한다. 주로 사방을 떠돌며 널리 기자재를 구한다.

四專 : 申子辰馬在寅, 逢甲寅, 寅午戌遇庚申, 亥卯未逢丁巳, 巳酉丑遇癸亥是也.

네 개의 전일함 : 신자진(申子辰)의 말이 인(寅)에 있는데 갑인(甲寅)을 만나고, 인오술(寅午戌)이 경신(庚申)을 만나며, 해묘미(亥卯未)가 정사(丁巳)를 만나고, 사유축(巳酉丑)이 계해(癸亥)를 만난 것이 여기에 해당한다.

名位 : 馬上逢食神, 如甲見丙乙見丁之類.

명성과 지위 : 말 위에서 식신을 만난 것으로 이를테면 갑(甲)이 병(丙)을 보고 을(乙)이 정(丁)을 보는 종류이다.

四生 : 辛巳甲申己亥丙寅, 納音自生是也.

네 생지 : 신사(辛巳)·갑신(甲申)·기해(己亥)·병인(丙寅)은 납음으로 스스로 생하는 것이 여기에 해당한다.

四病 : 自死自絕, 如年命納音金, 逢寅絕地是也.

네 병지 : 자신의 사지와 자신의 절지로 이를테면 연명의 납음이 금인데, 인(寅) 절지를 만나는 것이 여기에 해당한다.

馱寶 : 馬上帶財, 如甲子見戊寅是也. 又納音剋馬爲財, 加食神, 如甲寅水命見丙申火馬, 甲申水命見丙寅火馬. 以日時見之爲是, 主富足.

보물을 싣고 있음 : 말 위에 재를 두르고 있는 것으로 이를테면 갑자(甲子)가 무인(戊寅)을 보는 것이 여기에 해당한다. 또 납음으로 극하는 말이 재성인 것으로 이를테면 갑인(甲寅) 수의 명조가 병신(丙申) 화 말을 보는 것이고, 갑신(甲申) 수가 병인(丙寅) 화 말을 보는 것이다. 일과 시에서 보는 것이 좋으니, 주로 부유하고 풍족하다.

啣花 : 納音臨官遇馬, 如庚申壬子戊辰, 納音木, 遇寅臨官之地是也. 主淫蕩, 婦女最忌啣花. 商賈最喜馱寶.

꽃을 머금고 있음 : 납음으로 임관이 말을 만난 것으로 이를테면 경신(庚申)·임자(壬子)·무진(戊辰)은 납음으로 목인데, 인(寅) 임관하는 곳이 여기에 해당한다. 주로 음탕하니 부인은 꽃을 머금고 있음을 가장 꺼린다. 상인은 보물을 싣고 있는 것을 가장 반긴다.

與煞相併, 或孤辰弔客併 : 離鄕背井之人, 商賈僧道之流.

살과 서로 나란히 있거나 혹 고신조객과 나란히 있음 : 실향민이거나 상인·스님·도사가 유랑하는 것이다.

與食神冲倂 : 主有聲譽, 帶倒食祿鬼, 主爲人慳吝.

식신의 충과 나란히 있음 : 주로 명성이 있고, 도식과 녹귀를 두르고 있으면 주로 사람됨이 인색하다.

老年運歲乘馬 : 主氣虛腰脚痛之疾, 幼年運歲乘馬, 或遇臨官爲馬, 主驚病顚撲之厄.

노년의 운세에 말을 탐 : 주로 기운이 허해서 허리와 다리가 아픈 병이 있고, 어릴 때의 운세에서 말을 타거나 혹 임관이 말인 것을 만나면, 주로 놀라는 병과 넘어지는 재액이 있다.

運歲乘驛馬, 或合驛馬 : 主得宮進祿, 及遷改之喜.

운세에서 역마를 타거나 역마와 합함 : 주로 관록을 얻어 진급하고 옮기고 고치는 기쁨이 있다.

行年遇馬, 與病符併 : 主病驚, 與官符併, 主有官事驚恐. [行年卽小運, 詳粹言.] 馬入宅舍, 主口舌驚恐.

행년에서 말을 만나고 병부와 나란히 있음 : 주로 놀라는 병이 있는데, 관부와 나란히 있으면 주로 관의 일에 놀라 두려워할 것이 있다. [행년은 곧 소운으로『수언』에서 자세히 설명함.] 말이 택사로 들어가면 주로 구설로 놀라 두려워할 것이 있다.

凡歲運値馬冲馬合馬 : 均主發動.

세운에서 말·말을 충함·말과 합함을 만남 : 모두 발동함을 주로 한다.

11) 겁살과 망신[劫煞亡神]

劫煞一名大煞, 亡神一名官符, 一名七煞.
겁살은 대살이라고 하고, 망신은 관부라고도 하고 칠살이라고도 함.

劫煞生旺與貴煞建祿併, 主才智敏捷. 死絕與惡煞併, 主毒害凶狠, 貪奪無情, 兵刃摺傷之災.

겁살이 생왕하고 귀한 살의 건록이 나란히 있으면, 주로 재주와 지혜가 있고 민첩하며, 사절이 흉악한 살과 나란히 있으면 주로 독으로 해치고 악랄하며 탐욕으로 빼앗고 무정하며, 병기로 다치는 재앙이 있다.

與元辰空亡併, 爲盜, 金神庚辛併, 好切刻雕鏃, 空亡金火併, 爲打鉄屠估, 捕獵寵養之人.

원진과 공망이 나란히 있으면 도둑이고, 금의 신 경(庚)과 신(辛)이 나란히 있으면 새기면서 깎아내는 것을 좋아하며, 공망의 금(金) 화(火)가 있으면 도끼로 도살을 해서 팔고 사냥을 하며 애완동물을 기르는 사람이다.

劫煞剋身, 更帶金神陽刃同剋, 主車馬顚覆之災, 生時得之, 子孫愚薄.

겁살이 자신을 극하고 다시 금신 양인이 동일하게 극하는 것을 두르고 있으면, 주로 거마가 뒤집히는 재앙이 있는데, 생시에서 얻으면 자손이 어리석고 적다.

亡神生旺, 與貴煞幷, 主有謀略喜爭勝, 死絶與惡煞幷, 偏燥性窄而狂妄, 多兵刑獄訟之災, 疽疾氣血之疾.

망신이 생왕하고 귀한 살과 나란히 있으면, 주로 모략을 해서 전쟁에서 이기는 것을 반기고, 사절하고 흉악한 살과 나란히 있으면 치우치고 메말라서 성격이 옹졸하고 시건방지니, 대부분 전쟁·형벌·송사의 재앙이 있고, 악성 종기와 기혈의 병이 있다.

與貴人建祿幷, 喜弄筆墨, 干涉官利, 或爲胥吏, 幷火剋身, 多腰足疾.

귀인이 건록과 나란히 있으면 필묵을 가지고 놀며, 관의 이익에 간섭하거나 혹 서리가 되고, 화가 자신을 극하는 것이 나란히 있으며 허리와 발의 병이 많다.

12) 고신·과숙 및 격각살[孤辰寡宿及隔角煞]

命犯孤寡, 主形孤骨露, 面無和氣, 不利六親. 與驛馬幷, 放蕩他郡, 與空亡幷, 少小無倚, 與喪弔幷, 父母相繼而亡, 一生多逢重喪疊禍, 骨肉伶仃. 入貴格, 贅婿婦家, 入賤格, 移流未免.

명조에서 고신과 과숙을 범하면, 주로 형체가 쓸쓸하고 뼈가 드러나며 얼굴에 화사한 기운이 없고 육친에 이롭게 하지 않는다. 역마와 나란히 있으면, 다른 고을[郡]에서 방탕하고, 공망과 나란히 있으면,

소소하게 기댈 곳이 없으며, 상문조객과 나란히 있으면, 부모가 서로 연이어 세상을 떠나고, 평생 거듭되는 상과 거듭되는 재앙을 당함이 많으며 골육이 허약하다. 귀한 격에 들어가면, 부인의 집에 데릴사위로 살고, 천한 격에 들어가면 돌아다니는 것을 면하지 못한다.

轉角如寅日丑時, 申日未時, 亥日戌時, 名惆悵煞, 君子沾貴, 小人刑徒.
각을 돌아 인(寅)일에 축(丑)시이고, 신(申)일에 미(未)시이며, 해(亥)일에 술(戌)시이면 추창살이라고 하니, 군자는 귀함을 더하고 소인은 형벌 받는 무리이다.

隔角如子日戌時, 丑日卯時, 辰日午時, 未日酉時, 互換看之, 君子主瘡疽致命, 庶人血光致死. 日時損剋妻子, 胎年損剋父母, 名血光煞.
격각으로 자(子)일에 술(戌)시이고, 축(丑)일에 묘(卯)시이며, 진(辰)일에 오(午)시이고, 미(未)일에 유(酉)시이면 서로 바꾸어서 보니, 군자는 주로 악창으로 죽고, 평민은 피를 뿌리며 죽는다. 일과 시가 처자를 덜어내고 극하며, 태년이 부모를 덜어내고 극하면 혈광살이라고 한다.

13) 양인[陽刃]

對宮名飛刃, 又名唐符.
마주하는 궁을 비인이라고 하고 또 당부라고 함.

陽刃多主眼露性急, 凶暴害物, 死絕尤甚, 在五行敗者逢之, 多患瘡疽或癉癀金刃之災, 不論貴賤, 少得安閑.
양인은 대부분 주로 눈앞에 드러나는 것에 성급해서 흉포하게 사물을 해치는데, 사지와 절지에서는 더욱 심하고, 오행 패지에서 만나면, 대부분 종기와 창질과 칼날에 베이는 재앙이 있다. 귀천을 막론하고 편안함이 별로 없다.

眞陽刃 : 六甲逢乙卯丁卯, 爲眞陽刃, 重犯主殘疾.
진양인 : 육갑에서 을묘(乙卯)와 정묘(丁卯)를 만나는 것이 진양인으로 범법을 거듭하고 잔질을 주로 한다.

刃頭財 : 如甲人見己卯, 名銷鎔煞. 主財帛歇滅, 常人以屠估刃鋸爲業, 或被盜致命.
칼날 끝의 재 : 이를테면 갑(甲)의 사람이 기묘(己卯)를 보는 것으로 소용살이라고 한다. 주로 재물과 비단을 없애고, 평민은 도살과 칼과 톱을 업으로 하고 혹 도적질을 당해 목숨을 잃는다.

刃頭鬼 : 如甲人見辛卯之類, 名持刃煞. 主不令終, 雖入貴格亦不可測, 甲乙人尤緊, 多腦疽發背而終.

칼날 끝의 귀 : 이를테면 갑(甲)의 사람이 신묘(辛卯)을 보는 것으로 지인살이라고 한다. 주로 아름답게 죽지 못하고 귀격에 들어갈지라도 예측할 수 없으며, 갑(甲)과 을(乙)의 사람은 더욱 심하니, 대부분 목둘레에 생기는 부스럼이 배에까지 번져 죽는다.

朝元陽刃 : 如卯年日時有甲字之類, 主凶.

조원양인 : 이를테면 묘(卯)년의 일과 시에 갑(甲)이 있는 종류로 흉함을 주로 한다.

連珠刃 : 如庚戌辛酉, 干支相連, 金緊木漫, 女命定主剋夫害子.

이어지는 양인 : 이를테면 경술(庚戌)·신유(辛酉)로 간지가 서로 연결되면 금이 굳게 얽혀 목이 흩어지니, 여자의 명조에서는 반드시 주로 남편을 극하고 자식을 해친다.

日干就時支作刃 : 主瘡疾, 主子少. 或子息帶災, 時干就日支作刃, 主妻惡死, 稟性不良, 不然, 軍人或帶瘡疾.

일의 천간이 시의 지지에서 양인이 됨 : 주로 창질이고 주로 자식이 적다. 혹 자식이 재(災)를 두르고 있고 시의 천간이 일의 지지로 양인이 되면, 주로 처가 나쁘게 죽고 품성이 불량하며, 그렇지 않으면 군인으로 혹 창질을 두르고 있는 것이다.

年干臨時支作刃 : 多主父母惡死, 更見劫煞在上, 決定無疑. 胎中陽刃, 更帶刑年, 主出身不善, 或父母惡死, 婦人主產厄.

연의 천간이 시의 지지에서 양인이 됨 : 대부분 주로 부모가 나쁘게 죽는데, 다시 겁살이 위에 있는 것을 보면 반드시 의심할 것이 없다. 태중 양인으로 다시 형살의 연을 두르고 있으면 주로 출신이 좋지 않거나 혹 부모가 나쁘게 죽으며, 부인은 주로 출산의 재앙이 있다.

陽刃忌相刑, 爲禍最重. 行運最怕陽刃, 主財物耗散.

양인은 서로 형하는 것을 꺼리니 재앙이 가장 무겁다. 행운에서 양인을 가장 두려워하니, 주로 재물이 없어지는 것이다.

14) 함지[咸池]

一名敗神, 一名桃花煞, 又臨官與劫煞倂, 名桃花煞, 臨官與驛馬倂, 名桃花馬, 是以臨官爲桃花也.

패신이라고 하고 도화살이라고 하며, 또 임관과 겁살이 나란히 있으면 도화살이라고 하고, 바로 임관과 역마가 나란히 있으면 도화역

마라고 하니, 바로 임관을 도화로 하기 때문이다.

咸池爲沐浴之宮, 須天干納音與地支同類. 如甲戌丙寅戊午生人見卯, 方爲眞咸池, 主姦邪淫鄙. 生旺, 則美儀容, 耽酒色, 疏財, 破散家業, 死絶, 落魄不檢, 忘恩失信, 言行狡詐.

함지는 목욕의 궁으로 반드시 천간의 납음이 천지와 같은 종류인 것이다. 이를테면 갑술(甲戌)·병인(丙寅)·무오(戊午)생의 사람이 묘(卯)를 보면 진함지(眞咸池)로 주로 간사하고 음란하며 비루하다. 생왕이면 용모를 아름답게 하고, 주색에 탐닉하며, 재물을 잘 다루지 못해 가업을 파산하고, 사절이면 곤궁에 빠져도 단속할 줄 모르고 은혜를 잊고 신의를 잃어 언행이 교활하고 간사하다.

與元辰倂, 更臨生旺, 多得匪人爲妻.

원진과 나란히 있으면서 다시 생왕하면, 대부분 행실이 나쁜 사람을 얻어 처로 삼는다.

與貴人建祿倂, 多因油鹽貨酒得生, 或因婦人暗昧之財起家, 平生有水厄癆瘵之疾, 累遭遺失暗昧之災. 此神入命, 有破無成, 婦人尤忌.

귀인과 건록이 나란히 있으면 대부분 기름·소금·술로 말미암아 삶을 얻고, 혹 부인의 떳떳하지 못한 재물로 집을 일으키며, 평생 수

(水)의 재앙과 폐결핵이 있고, 유실하고 어리석게 되는 재앙이 있다. 이런 신이 명조에 들어오면 깨기만 하고 이루는 것이 없는데, 부인은 더욱 심하다.

    咸池非吉煞, 日時與水命[納音]遇之尤凶.

함지는 길한 살이 아니니, 일과 시가 수(水)의 명[납음]과 만나면 더욱 흉하다.

15) 재살[災煞]

    백호살이라고도 한다.(一名白虎煞)

    此煞主血光橫死, 在水火, 防焚溺, 金木, 被杖刃, 土, 墮落瘟疫. 剋身大凶, 有福神相助, 多主武權.

이 살은 주로 피를 뿌리며 횡사하는 것인데, 수와 화에서는 불타고 물에 빠지는 것을 막으며, 금과 목에서는 장형과 칼에 찔리는 것을 당하고, 토에서는 염병에 떨어진다. 자신을 극하면 아주 흉하고, 복의 신이 있어 서로 도와주면, 대부분 무인의 권세를 주로 한다.

(1) 육액 [六厄]

    六厄爲剝官之煞, 主一生蹇滯, 有救獲扶助, 逢生旺兼貴氣相助, 則吉.

육액은 관을 벗기는 살인데, 주로 평생 절름발이로 막히고, 구원이 있어 도움을 받고 생왕을 만나며 귀한 기운이 서로 돕는 것을 겸하면 길하다.

(2) 화개 [華蓋]

凡人命帶華蓋, 多主孤獨, 縱貴不免. 孤獨者, 兄弟少, 過房獨出, 及僧道藝術之流, 女命孀寡, 或爲塡房.

평민이 화개를 두르고 있으면, 대부분 주로 고독하고 귀함을 어지럽히는 것을 면하지 못한다. 고독은 형제가 적은 것이니, 양자이고 독자이며 승려나 도사이고 예술을 하며 떠도는 것이며, 여자의 명조에서는 과부이거나 혹 후처이다.

凡命時坐華蓋, 主平生歇滅. 壬癸人尤忌, 主老年喪子. 日犯剋妻, 女命時逢, 一生不産.

시에 화개가 있는 명조는 주로 평생 재물을 없앤다. 임(壬)과 계(癸)의 사람은 더욱 꺼리니, 주로 노년에 자식을 잃는다. 일에서 처를 극하고, 여자 명조에서 시에서 만나면, 평생 자식을 낳지 못한다.

與夾貴併, 則爲福, 主淸貴不利財物.

귀인을 낀 것과 나란히 있으면 복이 되니, 주로 고결해서 재물을 이롭게 여기지 않는다.

16) 구교[勾絞]

곧 관색과 교살임(卽貫索絞煞.)

年命前後三辰, 如子見卯酉, 丑見辰戌之類. [四冲位, 除對冲.] 此煞大忌金神白虎併, 不剋身, 或有福神, 同富者, 不論.

연명의 전후 세 자리로 이를테면 자(子)가 묘(卯)와 유(酉)를 보는 것이고, 축(丑))이 진(辰)과 술(戌)을 보는 종류이다. [네 충의 자리는 충과 마주하는 것을 제외함] 이 살은 금의 신 백호가 나란히 있는 것을 크게 꺼리는데, 자신을 극하지 않으면 혹 복의 신이 있는 것으로 부자와 같은 것이니, 논하지 않는 것이다.

凡命遇之, 身若剋煞, 主掌兵刑之任, 專行誅戮. 若煞剋身, 非命而終. 小人逢之, 非橫災禍. 值兩位全或與鬼併者, 災重, 行年至此, 亦主口舌刑獄等事.

일반적으로 명조에서 만남에 자신이 극하는 살이라면, 주로 군대와 형벌의 일을 담당하며 죽이고 형벌주는 일을 오로지 행사한다. 살이 자신을 극하면 명대로 살지 못하고 죽는다. 소인이 만나면 예측할 수 없는 재앙이다. 두 자리가 온전한 것을 만나거나 혹 귀신이 나란히 있는 것과 함께 할 경우에는 재앙이 무겁고, 지나가는 해에서 이렇게 되면 또한 주로 구설이나 형옥 등의 일이다.

17) 상조살[喪弔煞]

年命前後二辰是. 命犯不吉, 流年尤忌. 太歲凶煞併, 臨運限, 必主凶禍.

연명에서 앞뒤로 두 자리가 여기에 해당한다. 명에서 범하면 길하지 않고 유년에서는 더욱 꺼린다. 태세에서 흉살이 나란히 하고 운명의 한계로 임하면 반드시 주로 흉악한 재앙이다.

18) 공망[空亡]

천중살이라도 하고, 궁과 마주하는 것을 고허라고 함(一名天中煞, 對宮名 孤虛.)

空亡生旺, 主氣度寬宏, 動招虛名, 多意外無心之福, 死絕, 一生成敗飄泊, 在有氣之地, 則不爲禍. 忌支干與天中合, 名小人得位, 姦詐無所不爲. 若爲我所剋, 是爲天中受殃, 反爲特達之福.

공망이 생왕하면 주로 기개가 대단해서 움직임에 허명을 부르고 의외로 무심한 복이 많다. 사절이면 평생 성패로 방랑하고, 기운 있는 곳에 있으면 화가 되지 않는데, 지지와 천간이 천중과 합하는 것을 꺼리니, 소인이 지위를 얻어 간사하게 하지 못하는 짓이 없다고 한다. 나에게 극을 당하면 이것은 천중이 재앙을 당하는 것으로 도리어 특별히 통하는 복이 된다.

惡神凶煞禍聚之地, 要空亡解之, 不宜見合, 合則不空. 祿馬財官福聚之地, 忌空亡散之, 喜見合神, 無冲合刑, 方爲眞空亡.

흉악한 신살은 재앙이 모이는 곳이니, 공망으로 푸는 것이 필요하고, 합을 보는 것은 마땅하지 않다. 합하면 공망이 되지 않는다. 녹·마·재·관의 복이 모인 곳은 공망으로 흩어지는 것을 꺼리고, 합하는 신을 보는 것을 반기니, 충·합·형이 없는 것이 진공망(眞空亡)이다.

與官符併, 佞媚多文, 與大耗併, 則顚倒, 與劫煞併, 則狡勇, 與亡神併, 則飄蓬, 與建祿併, 一生破散, 與咸池六害併, 多凶暴卒. 惟與夾貴華蓋三奇學堂併者, 爲聰明脫俗之士.

관부와 함께 나란히 하면 아첨으로 꾸밈이 많고, 대모와 나란히 하면 전도되며, 겁살과 나란히 하면 교활하게 용감하고, 망신과 나란히 하면 영락하며, 건록과 나란히 오면 평생 파산하고, 함지·육해와 나란히 하면 대부분 흉포하게 죽는다. 오직 귀함·화개·삼기·학당을 낀 것과 함께 나란히 하면 총명하고 탈속하는 선비이다.

時値空亡, 多拗性, 更遇華蓋, 決生少子, 日上見空亡, 多庶出, 或妻妾間離.

시에서 공망을 만나면 대부분 성격이 완고하고 다시 화개를 만나면 결단코 적은 자식을 낳고, 일의 위에서 공망을 만나면 대부분 서출이거나 혹 처첩이 떨어져 지낸다.

19) 원진[元辰]

대모라고 하기도 함(一名大耗)

年命對冲前一辰, 或後一辰 : 歲運遇之, 如物當風, 動搖不得亭息, 不有內疾, 必有外難, 雖富貴亦懼. 大運逢之, 十年可畏, 立朝有鼠逐之憂, 居家亦羅凶咎, 縱有吉神扶持, 不免禍福倚伏. 尤忌在大運發旺之後, 將出未出之際, 禍不可逃.

연명이 충과 마주하기 전의 한 자리 혹은 후의 한 자리임 : 세운에서 만나면, 이를테면 사물이 바람을 맞는 것처럼 동요로 가만히 쉴 수가 없어 안으로 병이 있지 않으면 반드시 밖으로 어려움이 있으니, 부귀할지라도 두려운 것이다. 대운에서 만나면 십년을 두려워해야 하니, 조정에서는 쥐가 내쫓기는 근심이 있고, 집에서도 재앙을 당하며, 설령 길한 신이 돕더라도 재앙과 복이 뒤엉킴을 면하지 못한다. 대운에서 왕성하게 발한 다음을 더욱 꺼리니, 나오려고 하면서 아직 나오지 않은 때에는 재앙에서 도망칠 수 없는 것이다.

與官符併, 多招無辜之撓, 帶劫煞, 則不謹細行, 動招危辱.
관부와 나란히 하면 허물없는 어지러움을 초래하고, 겁살을 두르고 있으면 작은 행동을 삼가지 않아 움직임에 위험과 치욕을 초래한다.

婦人帶此煞, 不遵禮法, 一生多災, 生子不孝.

부인이 이 살을 두르고 있으면 예법을 높이지 않아 평생 재앙이 많고 자식을 낳아도 효도하지 않는다.

20) 암금적살[暗金的煞]

子午卯酉在巳, 名呻吟煞, 主杖楚刑獄之災. 寅申巳亥在酉, 名破碎煞, 主支離流血之災. 辰戌丑未在丑, 名白衣煞, 主喪服哭泣之事.

자오묘유(子午卯酉)가 사(巳)에 있는 것을 신음살이라고 하는데, 주로 장형과 모형을 당하고 감옥에 갇히는 재앙이 있다. 인신사해(寅申巳亥)가 유(酉)에 있는 것을 파쇄살이라고 하는데, 주로 흩어져서 피를 흘리는 재앙이 있다. 진술축미(辰戌丑未)가 축(丑)에 있는 것을 백의살이라고 하는데, 주로 상복을 입고 우는 일이 있다.

金生處, 主瘋癲, 金旺處, 主蠱毒, 金墓處, 主剋子惡死, 與貴人建祿倂, 則稍慢, 帶三刑德貴, 主有高官持兵權. [巳酉丑金局, 故有生處旺處. 斯時歲之分]

금이 생하는 곳에서는 주로 정신병이고, 금이 왕성한 곳에서는 독기이며, 금이 묻히는 곳에서는 주로 자식을 극하고 나쁘게 죽으며,

귀인과 건록이 나란히 있으면 다소 거만하고, 삼형과 덕귀를 두르고 있으면 주로 고관으로 병권을 가진다. [사유축은 금국이기 때문에 나오는 곳과 왕성한 곳이 있다. 이것은 세월의 구분임.]

 五行旺相, 吉神相救, 入貴格則無害, 入賤格, 再値一切凶神, 則愈凶.
 오행이 왕상이고 길한 신이 서로 구제하며 귀한 격에 들어가면, 해로움이 없고, 천한 격에 들어가고 다시 일체의 흉신을 만나면 더욱 흉하다.

 與官符倂, 主橫來官災, 與劫煞倂, 主橫來死喪, 與白虎陽刃倂, 主流血傷殘. 太歲逢之, 主孝服哭泣, 盜賊侵耗, 口舌破耗.
 관부와 나란히 있으면 주로 뜻밖에 관의 재앙을 당하고, 겁살과 나란히 있으면 주로 뜻밖의 죽음과 상을 당하며, 백호·양인과 나란히 있으면 주로 피를 흘리며 해친다. 태세에서 만나면 주로 상복을 입고 울고 도적이 침범하여 없애는 것이며 구설로 파산하는 것이다.

 小兒犯之, 主湯火之厄, 或有疤痕破綻之象.
 소아가 범하면 주로 끓는 물과 타는 불의 재앙이 있거나 혹 흉터나 찢어진 흔적이 있다.

以上爲神煞之重要者, 看法及倂合所主吉凶, 錄自三命通會. 然非體會眞切, 試驗準確, 莫能應用也. 總之論命, 推究宜精審, 配合宜熟習, 應用宜活潑. 若執一以求, 決無是處. 神煞名目雖繁, 不外乎十二支, 故研習神煞者, 宜知其總樞.

이상은 신살에서 중요한 것인데, 보는 법에 길흉을 주로 하는 것을 병합시킨 것으로 『삼명통회』에서 기록한 것이다. 체득을 진실하고 절실하게 하지 않으면 정확함을 시험해서 응용할 수 없다. 총괄하자면 운명을 논함에는 추구하는 것을 정확하게 살펴야 하고, 배합을 익숙하게 해야 하며, 응용을 활발하게 해야 한다. 하나만 잡고 구한다면 결단코 관건이 없을 것이다. 신살은 각 조목이 번다할지라도 12지지를 벗어나지 않기 때문에 신살을 연습할 경우에는 그 핵심을 알아야 한다.

(一) 祿馬, 寅申巳亥四孟是. 寅午戌見申爲馬, 見子辰亦屬馬類. 遇冲則動, 動而後有吉凶可言, 故神煞以祿馬爲主要.

(1) 녹과 마는 인신사해(寅申巳亥) 네 맹(孟)이 여기에 해당한다. 인오술(寅午戌)이 신(申)을 보면 마이고, 자진(子辰)을 봐도 마의 종류에 속한다. 충을 만나면 움직이고, 움직인 다음에 길흉이 있음을 말할 수 있기 때문에 신살에서 녹과 마를 중요한 것으로 여긴다.

驛馬者, 水火相激, 金木交爭, 爭氣之冲動也. 馬爲對冲, 亡劫爲傍冲, 喪門弔客, 在命前後二辰. 如寅命, 前後二辰爲子辰, [同申]卯命前後二辰 爲巳丑, [同巳] 辰命, 前後二辰爲寅午, [同寅]乃驛馬一類. 元辰與宅舍同 在一位. 元辰起於年命. 如寅見酉未, 乃亡劫一類, 皆冲動之意也.

역마는 수와 화가 서로 치는 것이고, 금과 목이 서로 싸우는 것이 니, 다투는 기운이 쳐서 움직이는 것이다. 마는 충과 마주하는 것이 고, 망신과 겁살은 충의 옆이고, 상문과 조객은 명 전후의 두 번째 자리이다. 이를테면 인(寅)의 명에서 전후의 두 번째 자리는 자(子) 와 진(辰)이고,[신(申)과 같음] 묘(卯)명에서 전후 두 번째 자리는 사 (巳)와 축(丑)이며,[사(巳)와 같음] 진(辰)명에서 전후의 두 번째 자리는 인(寅)과 오(午)이니,[인(寅)과 같음] 바로 역마와 같은 종류이다. 원진 은 택사와 똑 같이 한 자리에 있다. 원진은 연의 명에서 일으킨다. 이를테면 인(寅)에서 유(酉)와 미(未)를 보면 바로 망신과 겁살로 한 종류로 모두 충해서 움직인다는 의미이다.

(二) 陽刃咸池, 子午卯酉四仲是. 將星在三合之中, 將星對冲爲災煞, 咸池對冲爲六厄, 同歸咸池一類.

(2) 양인과 함지는 자오묘유(子午卯酉)의 네 중(仲)이 여기에 해당 한다. 장성이 삼합의 가운데 있으면 장성이 충과 마주하는 것 은 재살이고, 함지가 충과 마주하는 것은 육액이니, 똑같이 함

지로 돌아가는 것에서 하나의 종류이다.

(三) 華蓋墓庫, 辰戌丑未四墓是.
(3) 화개와 묘고는 진술축미(辰戌丑未) 네 묘(墓)가 여기에 해당한다.

以上三者, 尤以祿馬爲主. 祿爲養命之源, 馬爲扶身之本, 一切神煞, 可以祿馬槪括之. 古人以善談祿馬爲談命之名稱, 可知其重要矣. 特古人論命, 以神煞爲主, 神煞無取, 則論納音生剋, 歲運亦從十二宮起神煞. [七强宮五弱宮, 見上神煞篇]

이상의 세 가지에서는 녹과 마를 더욱 위주로 한 것이다. 녹은 명을 기르는 근원이고 마는 자신을 돕는 근본이니, 일체의 신살은 녹과 마로 개괄해야 한다. 옛사람들은 녹과 마를 잘 말하는 것으로 명을 논하는 명칭을 삼았으니, 그 중요함을 알만하다. 특히 옛사람들이 명을 논할 때에는 신살을 위주로 해서 신살에서 취할 것이 없으면, 납음의 생극을 논하였고, 세운에서도 12궁에 따라 신살을 일으켰다. [일곱 강궁과 다섯 약궁은 위의 신살편에 있음.]

子平法則以用神爲主, 次看格局, 神煞爲論命之輔佐而已. 論格局地位, 富貴貧賤, 以子平法爲有把握, 論歲運吉凶, 則以神煞爲詳細. 且會合刑沖聯珠夾拱, 與看神煞殊途同歸, 以干加干之天星, 既爲我人所習用而有驗, 則以支加支之神煞, 距無至理存乎其中. 特未得其法耳. 予於命理無師承, 閉門造車, 未知其能否合轍. 而神煞所主吉凶, 更有待於經驗之證明. 故附於本編之未, 爲硏習之一助云爾.

　자평의 법에서는 용신을 위주로 하고 이어 격국을 보았으니, 신살은 논명의 보좌가 될 뿐이었다. 격국의 지위를 논하면, 부귀와 빈천은 자평의 법으로 파악하는 것이 있고, 세운의 길흉을 논하면 신살로 상세함을 삼는다. 또 회·합·형·충·이어짐·껴안고 있음은 신살을 보는 것과 길이 달라도 같은 곳으로 돌아가니, 천간을 가지고 천간의 천성(天星)에 더하는 것은 이미 우리가 익숙하게 익혀서 사용하고 증험한 것이 있으니, 지지를 가지고 지지의 신살에 더하는 것에 어찌 지극한 이치가 없겠는가? 그 방법을 얻지 못한 것일 뿐이다. 나는 명리에 스승을 계승한 것도 없이 문을 닫아걸고 수레를 만들었으니, 그것이 바퀴에 맞을지 그렇지 않을지는 알 수 없으나 신살에서 주로 하는 길흉은 다시 경험으로 증명할 것을 기다린다. 그러므로 이 책의 끝에 부록으로 달아 연구에 일조가 되게 하는 것이다.

子平粹言 제4권

초판 인쇄 _ 2020년 6월 25일
초판 발행 _ 2020년 6월 30일

지은이 _ 서락오
옮긴이 _ 김학목 | 이진훈 | 김규승 | 오청식
펴낸이 _ 김규승
펴낸곳 _ 도서출판 **어은**
주　소 _ 서울특별시 강남구 도곡동 대림 아크로텔 c동 2911호
전　화 _ 010-9304 9692
전자우편 _ pommard1515@naver.com
등록번호 _ 제2015-000130호(2015.2.16)

디자인 _ 박상헌
표　지 _ 미가디자인 박종숙

ISBN _ 979-11-955408-4-6
979-11-955408-1-5 (세트)

정　가 _ 20,000원

· 저자와의 협약에 의해서 인지를 생략합니다.
· 이 책은 도서출판 어은이 저작권자와의 계약에 따라 발행한
　것이므로 허락 없이 어떠한 형태나 수단으로 복제할 수 없습니다.
· 파본이나 잘못 인쇄된 책은 구입하신 서점에서 교환해드립니다.